军事装备维修系列教材

军事装备维修管理学

舒正平 等编著

国防工业出版社

·北京·

内 容 简 介

本书以装备维修管理工作为研究对象,系统分析了装备维修管理的主要内容和基本概况,研究了新形势下装备维修管理学的学科性质与地位,论述了装备维修管理思想、管理体制、装备维修方式与方法、装备维修组织管理、装备维修经费管理、装备维修信息管理、装备维修人才管理、装备维修器材管理、装备维修效能评估、装备维修保障科学研究与改革、装备维修法规等内容,涵盖了装备维修管理的各个方面。

本书可供各级装备维修管理干部培训使用,也可为从事装备维修管理人员学习参考。

图书在版编目(CIP)数据

军事装备维修管理学/舒正平等编著.—北京:国防工业出版社,2013.9
ISBN 978-7-118-08953-0

Ⅰ.①军... Ⅱ.①舒... Ⅲ.①武器装备—维修—军事管理学 Ⅳ.①E92

中国版本图书馆 CIP 数据核字(2013)第 228962 号

※

国防工业出版社出版发行
(北京市海淀区紫竹院南路23号 邮政编码100048)
北京嘉恒彩色印刷责任有限公司
新华书店经售

＊

开本 710×960 1/16 印张 12¾ 字数 218 千字
2013 年 9 月第 1 版第 1 次印刷 印数 1—3000 册 定价 38.00 元

(本书如有印装错误,我社负责调换)

国防书店:(010)88540777　　　　发行邮购:(010)88540776
发行传真:(010)88540755　　　　发行业务:(010)88540717

《军事装备维修系列教材》
编 委 会

主 任　张　炜

委 员　陈庆华　郭世贞　舒正平

　　　　于洪敏　张景臣　薛　勇

序

随着高新技术尤其是信息技术的迅猛发展及其在武器装备中的广泛应用，精确制导武器、信息战武器、新概念武器和指挥信息系统等已经成为信息化战争的主角。信息化武器装备具有技术密集、结构复杂、系统性强、价格昂贵等特点，在以武器装备体系与体系对抗为主要特征的信息化战争中，装备战损率高、损坏机理复杂，装备维修保障任务更重、要求更高、难度更大。如何构建适应信息化战争需要的装备维修保障体系、整体提高装备维修保障能力，是做好新时期军事斗争准备、打赢信息化战争的客观要求。我们必须系统总结和借鉴世界范围内近几场高技术局部战争中信息化装备维修保障的经验，结合我军武器装备现代化建设的实际和信息化装备维修保障的现状，推进装备维修保障理论创新，指导部队维修保障实践，提高装备维修保障人才培养质量，推动装备维修保障科学发展。

随着全军装备指挥管理人才任职培训的深入开展，装备维修保障人才培训的范围不断扩大、层次不断增多、内容不断深化，在装备维修保障人才培养方面取得了许多经验，在装备维修理论研究方面取得了丰富的研究成果。为适应信息化战争和信息化武器装备发展的新趋势，满足高素质装备维修保障人才培养的新需求，我们编写出版了这套军事装备维修系列教材。该套教材紧贴信息化条件下联合作战装备保障需求，围绕装备维修基础理论、装备维修资源规划方法、信息化装备维修体制与模式、装备维修质量评估、装备维修保障转型、装备维修能力建设与评估等展开研究，积极探索信息化条件下装备维修特点规律，提出了一系列新理论、新对策、新措施、新办法，初步形成了信息化条件下军事装备维修保障的理论框架和教材体系。

该系列教材既是一套思想性、系统性、现实性、指导性很强的理论专著，也是针对装备维修干部培训的一套实用性较强的基础教材。该系列教材的编写出版，丰富和发展了我军装备维修理论体系，为我军装备维修能力的提高提供了重要理论支撑，为装备维修保障人才培养提供了创新理论，对加强军事斗争装备准备具有重要指导意义。

《军事装备维修系列教材》编委会

前　言

军事装备维修管理是部队装备工作的一项基础性、经常性和全局性的工作，与保持部队装备完好率息息相关，是形成和提高部队战斗力的基础。军事装备维修管理学是研究装备维修管理活动规律的一门科学，它是管理学原理与装备维修管理实践相结合的理论概括和科学总结。近年来，高新技术在装备中的应用越来越广泛，部队装备建设水平迅速提高，装备维修工作中出现了许多新理论、新情况。对此给予总结、归纳，并融入到装备维修管理教学中，对于提高装备维修管理教学水平，丰富教学内容具有重要的现实意义。

本书是针对装备维修管理干部培训的需要，根据装备学院统一安排的军事装备维修系列教材计划编写的。本书于2011年3月完成初稿之后，经过第五期全军装备维修管理短训班和二期装备保障指挥专业学员的使用，并征求装备维修领域的专家意见后，我们又进行了两次修改完善。

全书共分为十二章，第一章军事装备维修管理学概述（舒正平）；第二章军事装备维修管理体制（舒正平、王秀华）；第三章军事装备维修思想（郭世贞）；第四章军事装备维修分类、方式与方法（罗明洋）；第五章军事装备维修组织管理（罗明洋）；第六章军事装备维修器材管理（陆凡）；第七章军事装备维修经费管理（姚战军）；第八章军事装备维修信息管理（姚战军）；第九章军事装备维修人才管理（石鑫）；第十章军事装备维修保障效能评估（陆凡）；第十一章军事装备维修保障科学研究与改革（李渊）；第十二章军事装备维修保障法规（李渊）。

本书在编写过程中借鉴、引用了部分比较成熟的研究成果，在此，向本书中所借鉴、引用的参考文献作者，以及对本书编写工作给予大力支持和帮助的领导、专家和学者表示最诚挚的谢意。由于编写水平有限，书中难免存在不足之处，敬请读者批评指正。

作者

2013年9月

目 录

第一章 军事装备维修管理学概述 ………………………………………… 1
  第一节 基本概念 …………………………………………………………… 1
    一、军事装备维修 ……………………………………………………… 1
    二、军事装备维修管理 ………………………………………………… 1
    三、军事装备维修管理学 ……………………………………………… 4
  第二节 军事装备维修管理的原则及基本任务 …………………………… 5
    一、军事装备维修管理的原则 ………………………………………… 5
    二、军事装备维修管理的基本任务 …………………………………… 7
  第三节 军事装备维修管理学的形成与研究对象 ………………………… 7
    一、军事装备维修管理学的形成 ……………………………………… 7
    二、军事装备维修管理学的研究对象 ………………………………… 8

第二章 军事装备维修管理体制 ………………………………………… 10
  第一节 军事装备维修管理体制的作用与建立依据 ……………………… 10
    一、军事装备维修管理体制的作用 …………………………………… 10
    二、军事装备维修管理体制的特点 …………………………………… 10
    三、军事装备维修管理体制建立依据 ………………………………… 11
  第二节 军事装备维修管理体制的发展历史和趋势 ……………………… 12
    一、军事装备维修管理体制的发展历史 ……………………………… 12
    二、军事装备维修管理体制的发展趋势 ……………………………… 14
  第三节 我军装备维修管理体制的分类和构成 …………………………… 15
    一、装备维修管理体制分类 …………………………………………… 15
    二、装备维修管理体制构成 …………………………………………… 15
    三、装备维修作业体系 ………………………………………………… 16

IX

第三章 军事装备维修思想 …… 18

第一节 军事装备维修思想的特征 …… 18
一、一般性特征 …… 18
二、特殊性特征 …… 21

第二节 军事装备维修思想的基本内容 …… 23
一、军事装备维修地位作用思想 …… 23
二、军事装备维修建设思想 …… 24
三、军事装备维修管理思想 …… 25
四、军事装备维修运用思想 …… 26

第三节 历史上的主要军事装备维修思想 …… 26
一、传统的军事装备维修思想 …… 26
二、现代军事装备维修思想 …… 30

第四节 军事装备维修思想新的发展趋势 …… 41
一、军事装备维修思想的新发展 …… 42
二、新时期的装备维修思想 …… 46

第五节 我军装备维修思想 …… 53

第四章 军事装备维修的分类、方式与方法 …… 55

第一节 军事装备维修的分类 …… 55
一、军事装备维护、军事装备修理 …… 55
二、预防性维修、修复性维修、改进性维修 …… 57
三、基层级维修、中继级维修、基地级维修 …… 59
四、平时维修、战时维修 …… 61

第二节 军事装备维修方式 …… 63
一、定时维修方式、视情维修方式、事后维修方式 …… 63
二、机动维修方式和固定维修方式 …… 66
三、使用者维修、专业技术人员维修和专业化集体协作维修 …… 67
四、计划维修、非计划维修 …… 69

第三节 军事装备维修方法 …… 69
一、检查和维护 …… 69
二、原件修理、换件修理、拆拼修理 …… 70

目 录

　　三、按技术标准修理、应急修理和维修浮动 …………………………… 71

第五章　军事装备维修组织管理 ………………………………………… 73
第一节　军事装备维修的计划管理 ……………………………………… 73
　　一、装备维修计划管理的基本标准 ……………………………………… 74
　　二、装备维修计划的分类 ………………………………………………… 74
　　三、选择和编配新装备时应考虑的维修计划管理问题 ………………… 75
　　四、装备维修计划的制定 ………………………………………………… 76
　　五、装备维修计划的实施 ………………………………………………… 79
第二节　军事装备维修的技术管理 ……………………………………… 79
　　一、装备维修技术管理的原则 …………………………………………… 79
　　二、装备维修技术管理的主要工作内容 ………………………………… 80
　　三、装备维修技术准备 …………………………………………………… 82
第三节　军事装备维修的质量管理 ……………………………………… 83
　　一、装备设计过程的维修质量管理 ……………………………………… 83
　　二、维修过程的质量管理 ………………………………………………… 84
　　三、辅助维修过程的质量管理 …………………………………………… 86
　　四、使用过程的质量管理 ………………………………………………… 86

第六章　军事装备维修器材管理 ………………………………………… 87
第一节　军事装备维修器材概述 ………………………………………… 87
　　一、军事装备维修器材及其分类 ………………………………………… 87
　　二、军事装备维修器材管理机构 ………………………………………… 88
　　三、军事装备维修器材管理的原则 ……………………………………… 90
第二节　军事装备维修器材筹措 ………………………………………… 92
　　一、军事装备维修保障器材筹措的依据 ………………………………… 92
　　二、军事装备维修器材筹措的方式 ……………………………………… 93
　　三、军事装备维修器材筹措的一般过程 ………………………………… 94
第三节　军事装备维修器材储备 ………………………………………… 95
　　一、军事装备维修器材储备的分类 ……………………………………… 95
　　二、军事装备维修器材储备规模、结构和布局 ………………………… 96
　　三、军事装备维修器材库存控制和质量、安全管理 …………………… 98

第四节　军事装备维修器材供应 ································ 100
　　一、军事装备维修器材供应的时机 ························ 101
　　二、军事装备维修器材供应的方式 ························ 101
　　三、军事装备维修器材供应的一般过程 ···················· 103

第七章　军事装备维修经费管理 ································ 105
　第一节　军事装备维修经费管理的任务与原则 ················ 105
　　一、军事装备维修经费管理的任务 ························ 105
　　二、军事装备维修经费管理的原则 ························ 105
　第二节　军事装备维修经费分类 ···························· 107
　　一、按实际工作成本是否核算 ···························· 107
　　二、按装备的类型分类 ·································· 108
　　三、按经费使用性质分类 ································ 112
　　四、按经费管理办法分类 ································ 113
　第三节　军事装备维修经费获取 ···························· 114
　　一、军事装备维修经费管理的来源及获取渠道 ·············· 114
　　二、影响军事装备维修经费获取规模的因素 ················ 116
　第四节　军事装备维修经费预算与决算 ······················ 118
　　一、装备维修管理费分配 ································ 118
　　二、装备维修管理费预算 ································ 118
　　三、装备维修管理费决算 ································ 119
　　四、装备维修费财务监督 ································ 120

第八章　军事装备维修信息管理 ································ 121
　第一节　军事装备维修信息及维修信息 ······················ 122
　　一、军事装备维修管理决策与信息的关系 ·················· 122
　　二、军事装备维修信息的作用及分类 ······················ 122
　　三、军事装备维修信息的基本要求 ························ 123
　第二节　军事装备维修信息管理系统 ························ 124
　　一、军事装备维修信息管理系统概述 ······················ 124
　　二、计算机维修信息管理系统 ···························· 125
　第三节　军事装备维修信息管理工作 ························ 128

一、建立军事装备维修信息管理体系 ……………………… 129
　　二、军事装备维修信息组织体系与管理 …………………… 130
　　三、军事装备维修信息的安全保密和交流、考评 ………… 130

第九章　军事装备维修人才管理 ………………………………… 132
第一节　军事装备维修人才管理概述 ……………………… 132
　　一、军事装备维修人才的要求 ……………………………… 132
　　二、军事装备维修人才的种类与层次 ……………………… 134
　　三、军事装备维修人才管理地位和作用 …………………… 136
第二节　军事装备维修人才规划 …………………………… 137
　　一、制定军事装备维修人才规划的基本依据 ……………… 137
　　二、军事装备维修人才规划的主要内容 …………………… 139
　　三、制定军事装备维修人才规划的方法与要求 …………… 139
第三节　军事装备维修人才培养 …………………………… 140
　　一、军事装备维修人才培养要求 …………………………… 140
　　二、军事装备维修人才培养目标 …………………………… 142
　　三、军事装备维修人才培养体系 …………………………… 143
　　四、军事装备维修人才培养内容 …………………………… 145
第四节　军事装备维修人才考核 …………………………… 148
　　一、军事装备维修人才考核的作用 ………………………… 148
　　二、军事装备维修人才考核的原则 ………………………… 149
　　三、军事装备维修人才考核的方法 ………………………… 150
第五节　军事装备维修人才选用 …………………………… 151
　　一、军事装备维修人才的选拔 ……………………………… 151
　　二、军事装备维修人才的使用 ……………………………… 152

第十章　军事装备维修保障效能评估 …………………………… 154
第一节　军事装备维修保障效能评估概述 ………………… 154
　　一、军事装备维修保障效能评估的任务 …………………… 154
　　二、军事装备维修保障效能评估的目的 …………………… 155
　　三、军事装备维修保障效能评估的作用 …………………… 156
　　四、军事装备维修保障效能评估的要求 …………………… 157

第二节 军事装备维修保障效能评估内容与指标 ………………… 158
一、军事装备维修保障效能评估内容 …………………………… 158
二、军事装备维修保障效能评估指标 …………………………… 159
三、军事装备维修保障效能评估指标体系 ……………………… 161
第三节 军事装备维修保障效能评估的程序与方法 ……………… 163
一、军事装备维修保障效能评估的一般程序 …………………… 163
二、军事装备维修保障效能评估的主要方法 …………………… 164
三、装备保障效能评估结果的运用 ……………………………… 166

第十一章 军事装备维修保障科学研究与改革 ……………………… 168
第一节 军事装备维修保障科学研究与改革的重要作用 ………… 168
一、贯彻科技强军、质量建军方针的重要措施 ………………… 168
二、提高军事装备维修保障能力的主要手段 …………………… 169
三、增强军事装备维修保障效益的有效途径 …………………… 169
第二节 军事装备维修保障科学研究与改革的任务及内容 ……… 169
一、军事装备维修保障科学研究与改革的主要任务 …………… 169
二、军事装备维修保障科学研究与改革的基本内容 …………… 171
第三节 军事装备维修保障科学研究与改革的原则 ……………… 173
一、创新性原则 …………………………………………………… 173
二、可行性原则 …………………………………………………… 173
三、实用性原则 …………………………………………………… 173
四、经济性原则 …………………………………………………… 174
五、综合性原则 …………………………………………………… 174
第四节 军事装备维修保障科学研究与改革的组织 ……………… 174
一、项目申报审批 ………………………………………………… 174
二、项目计划实施 ………………………………………………… 175
三、项目鉴定与成果推广 ………………………………………… 176

第十二章 军事装备维修保障法规 …………………………………… 177
第一节 军事装备维修保障法规的特点与调整对象 ……………… 177
一、军事装备维修保障法规的特点 ……………………………… 177
二、军事装备维修保障法规的调整对象 ………………………… 178

目 录

第二节　军事装备维修保障法规体系 …………………………………… 179
　一、军事装备维修保障法规的分类 …………………………………… 179
　二、军事装备维修保障法规体系的构成 ……………………………… 180
第三节　军事装备维修保障法规制定 …………………………………… 181
　一、军事装备维修保障法规的立法权限 ……………………………… 181
　二、军事装备维修保障法规的立法程序 ……………………………… 182
第四节　军事装备维修保障法规实施 …………………………………… 183
　一、军事装备维修保障法规的适用 …………………………………… 184
　二、军事装备维修保障法规的遵守 …………………………………… 184
　三、军事装备维修保障法规适用与遵守的关系 ……………………… 185

参考文献 ………………………………………………………………… 186

第一章 军事装备维修管理学概述

军事装备维修管理学是研究装备维修管理规律,并用以指导装备维修管理实践的军事装备学科,是军事装备学的分支学科。主要研究对象是装备维修管理及其相关活动,包括装备维修管理体制、装备维修思想、装备维修组织管理、装备维修人才管理、装备维修经费管理等内容。基本任务是揭示装备维修管理的特点和规律,阐明指导装备维修管理的理论和方法,用于指导装备维修管理实践,提高装备建设和装备维修效益。

第一节 基本概念

一、军事装备维修

军事装备维修为装备维护与修理的简称,指为使装备保持、恢复规定的技术状态或改善装备性能而对装备进行维护和修理的活动。按维修性质和目的分为预防性维修、修复性维修、改进性维修;按维修机构和等级分为基层级维修、中继级维修、基地级维修。

二、军事装备维修管理

从字面上理解,"管理"就是管辖和处理的意思。作为科学的概念,所谓管理,应该是指人们在认识客观事物的内在联系、外在环境及其相互关系的基础上,通过计划、组织、指挥、控制、协调等职能,有效地利用人力、物力、财力等要素,以达到人们预期目的的运动过程。这个定义里面,包括了管理的条件、要素、功能和目标等内容。

从上述阐述可以看出,管理同样具有两重基本性质:一是组织生产力的自然属性,这反映着管理的共性;二是服务于生产关系的社会属性,这反映着管理的个性。管理的自然属性说明管理是进行社会化大生产的必要条件,是社会劳动过程中一般的共同的要求,管理的科学技术是人类的共同财富。因此,研究和实施装备维修管理时,应该重视学习和运用一切先进的管理科学技术和经验。管理的社会属性表明管理必须适应某种生产关系的需要,要为实现特定的生产目的服务。装备维修管理就是为保障完成战斗、训练任务这个特定的军事目的服务的。装备维修管理实质上是管理者依据管理对象的客观规律,运用科学的方法,保证维修系统的各个环节及其相关部门拥有正常的工作关系,保持维修系统拥有正常的活动过程,并使其在不断循环、不断重复的过程中向前发展,不断增加维修活动过程中人与人、人与物、物与物的效应,扩大系统中人、财、物诸要素的作用,籍以提高维修管理的效能。

(一)装备维修管理要素

军事装备维修管理同其他管理活动一样,同样也包含有管理者、管理对象、管理目标和管理环境这四个要素。

1. 维修管理者

管理者是军事装备维修管理的主体,包括各级装备维修管理部门和有关维修管理人员,军事装备维修管理工作具有任务分工明确、各尽其责的特点。装备维修管理部门及其有关维修管理人员是军事装备维修管理的主要实施者,负责军事装备维修管理活动的决策、计划、组织、指挥、协调和控制。

2. 维修管理对象

维修管理对象是军事装备维修管理的客体,不仅仅是指军事装备,还包括与军事装备相关的人、财、物、技术、信息、时间、空间等。军事装备管理的对象是由多种因素所构成的一个有机整体,管理者必须运用系统工程的原理与方法进行维修管理,才能发挥整体维修管理效益。

3. 维修管理目标

军事装备管理的目标是保证军事装备时刻处于良好的技术状态,随时能遂行各项任务。军事装备是部队战斗力的重要组成部分,装备维修管理工作的好坏直接影响部队战斗力的有效发挥。装备维修管理得不好,就不能在需要时发挥军事装备应有的效能,从而导致部队战斗力下降。管理者应通过对管理对象的合理调控和充分利用,以最少的资源消耗来实现管理目标。

4. 维修管理环境

维修管理环境就是军事装备维修管理的约束条件,包括自然、政治、社会、经济、法律等。与一般民用装备维修管理相比,民用装备的维修管理主要受经济因素的制约,而军事装备维修管理首先要考虑军事效益,其次才考虑经济效益等其他约束条件。

(二) 装备维修管理基本职能

装备维修管理是在遵循客观规律的要求下,运用科学的方法,对维修过程中的人力、物力和财力进行科学的计划、组织、指挥、决策、监督和调节,以求用最少的资源消耗取得最好的军事经济效益。维修管理是为完成预定的维修任务,有效地实现维修目标,而合理组织、计划和使用维修的人力、物力、财力和时间的全过程。其基本任务是把组织实施维修工作建立在现代科学技术的基础上,运用现代管理的理论和方法,掌握装备维修的客观规律,从整体出发,对维修系统各个环节和维修过程进行计划、组织、指挥、协调、控制,达到最佳的维修效果和经济效益。因此,管理在维修中占有十分重要的位置,搞好维修管理是实现装备维修现代化的一项迫切的任务。

装备维修管理的性质是在具体维修过程中通过管理的具体职能来体现的。装备维修管理是对装备的维护与修理进行的计划、组织、协调、控制活动。目的是以最低的维修资源消耗保持和恢复装备的技术状态,保障部队遂行作战和训练任务。装备维修管理坚持以可靠性为中心,贯彻预防为主、科学维修、质量第一、注重效益的方针,坚持整体筹划、重点保障、规范管理、系统建设。

1. 计划

计划就是预测未来,确定目标,决定方针,制定和选择方案。科学的计划是装备维修活动的依据,是实现科学领导和组织维修的重要条件。因此,计划是维修管理的首要职能。

2. 组织

把维修的各个要素、各个环节和各个方面科学、合理地组织起来,形成一个有机的整体。组织职能主要包括组织机构的设置,维修机构的科学划分、设置和布局,各级维修管理人员、维修人员合理的配备以及正确实行各项维修法规政策等。组织是维修管理的中间环节,是使维修计划得以实施的重要前提和必备条件。

3. 指挥

对装备维修工作过程中各类人员的领导,是保证维修活动顺利进行必不可少的条件。维修机构中人、财、物和环境要素结合成一个整体,如果设有统一指挥,就不能正常进行维修活动,这个整体也会失去效用。因此,在维修机构中,必须实行高度集中统一的指挥。

4. 协调

为了有效地完成维修任务,把各种维修管理活动加以调节,统一起来。其目的是为了使各个部门、各个环节的活动能有机地配合,从而实现维修的总目标。协调分为纵向协调和横向协调,对内协调和对外协调。纵向协调,就是各级维修领导机关之间的协调;横向协调,就是各部门、各单位之间的协调;对内协调,就是部队内部所作的协调活动;对外协调,就是部队对部队、部队对其他有关单位(如装备修理工厂、科研单位、院校等)之间的协调活动。

5. 控制

控制是检查维修活动执行情况和纠正偏差的过程。控制的目的在于及时地发现问题,有效地解决问题,保证计划的顺利实现。维修控制的基本内容包括确定标准、检查执行情况和纠正偏差。

上述五个方面的基本职能,是相互联系、相互制约的有机整体。通过维修计划,明确维修目标和任务,通过组织,建立实现维修目标和完成维修任务的机构;通过指挥,建立正常的维修工作秩序;通过协调,调节关系,协同各个部门的步伐;通过控制,检查维修计划的完成情况,纠正偏差。计划、组织、指挥、协调、控制环环相扣,有机结合和灵活运转,便形成了装备维修管理的闭路循环和基本活动。运用这些职能时,既要综合考虑,又要有所侧重,充分发挥其作用,确保维修保障各项任务能够高效、优质顺利地完成。

为适应装备不断发展和现代战争中维修保障的要求,世界主要国家都在加强装备维修管理,进一步研究装备维修理论与实践,改革装备维修体制、制度与方法;加强装备维修设施和人才培训的同步建设,增强装备维修的总体水平;利用电子计算机和信息技术建立维护信息管理网络,提高维修管理效率;深入研究和广泛采用维修新技术、新工艺、新设备、新材料,不断降低维修成本,提高装备维修的军事经济效益。

三、军事装备维修管理学

军事装备维修管理学是研究维修管理活动规律的一门科学,它是管理学原理与维修管理实践相结合的理论概括和科学总结。军事装备维修管理学有其特有的研究对象和范畴体系。对于维修管理的一切活动,军事装备维修管理学原理具有重要的指导意义。军事装备维修管理学所要研究的维修管理,不同于工业部门的设备维修管理,而是一个特殊领域的维修管理,即军事装备的维修管理。武器装备是军事活动中的重要组成要素,这就决定了装备的维修管理必然要为装备使用需求服务,必须服从装备维修保障的规律。与管理学、装备综合保障工程、可靠性与维修性工程等学科具有交叉关系。此外,经济学、系统科学和计算机应用等学科对维修管理学也都有着渗透和影响。因此,在研究军事装备维修管理学时,必须运用管理学的一般原理,研究维修管理的特殊规律,建立并不断完善维修管理学的理论体系。

军事装备维修管理学是一门应用型学科,通过运用维修管理学的基本原理和方法,探讨和解决军事装备维修管理实践中所面临的新问题,指导军事装备维修管理工作的开展。

第二节 军事装备维修管理的原则及基本任务

军事装备维修管理的一切活动,都是在其原则指导下,围绕着其基本任务而展开,并随着任务的不断丰富和变化而发展。因此,确定军事装备维修管理的原则,界定军事装备维修管理的基本任务,是研究和组织军事装备维修管理的必要基础。

一、军事装备维修管理的原则

军事装备维修管理原则是按照军事装备维修管理活动规律,指导军事装备维修管理组织与实施的基本准则。在军事装备维修管理实践中,各级必须注意把握并认真遵循,以便更好地实现军事装备维修管理的目标。军事装备维修管理的原则主要有以下几条。

(一) 统一领导,分级负责

统一领导,分级负责,就是指军事装备维修管理要统一规划和协调,各级各部门按各自的职能抓好工作的落实。军事装备维修工作涉及到装备的科研、生产、使用和修理等各个方面以及军队和地方的多个层次、部门和单位。要形成整体合力并使之有序进行,必须坚持统一领导和分级分部门负责的原则。

(二) 理论指导,科学管理

理论指导是实现军事装备维修科学管理的前提和基础。随着科学技术的发展,目前已逐步形成了由维修管理工程、可靠性工程、维修性工程、保障性工程、维修工艺学、故障诊断学等具有相对独立性的学科组成的现代维修管理科学理论体系。因此,在军事装备维修管理活动的组织实施过程时,必须积极贯彻"全寿命全系统"的管理思想,充分发挥现代维修管理科学理论的指导作用,注重运用现代科学管理原理、系统工程方法、系统综合优化技术以及计算机管理手段,科学地确定维修方案、维修制度以及维修的手段和方法,提高军事装备的维修质量,减少维修资源的消耗,推动维修管理活动进入科学维修的新阶段。

(三) 注重质量,提高效益

军事装备维修质量是装备维修的核心,如果质量没有保证,效率和经济性就无从谈起。为此,在军事装备维修管理活动中,必须强化"军工产品质量第一"的思想,严格工艺流程和技术规范,建立严格的质量保证体系和制度,确保维修质量。在此前提下,对维修进行必要的技术经济分析,综合比较投入与效果,尽可能地降低装备的维修费用,争取低耗高效的维修效益,追求最佳的效费比。

(四) 快捷易行,简便灵活

快捷易行,简便灵活就是在装备维修活动中,注重采取各种简便灵活的维修措施和手段,以最快的速度,在最短的时间内,修复最多的装备。为此,应尽量减少维修的层次和环节,适当简化维修组织实施的程序,综合采取各种灵活适用的维修方式和方法,灵活地配置和使用维修力量,并合理地规定装备维修的优先顺序,保证作战、训练或其他行动最需要的装备优先得到维修,提高维修管理的效率。

(五) 军民结合,平战兼顾

军民结合,平战兼顾,就是要建立一个能够兼顾平时和战时,充分发挥军队和地方各种维修力量整体作用的科学系统的军事装备维修体系,合理地组织和使用维修力量,在适应平时维修保障任务需要的基础上,建立具有较强的战时组、扩编机制。在其力量构成中,除了现役维修部(分)队外,还应包括预备役维修部(分)队和地方有关技术力量。在平时装备的维修保障工作中,一方面要争取地方力量的支援和帮助,战时方可大量动员地方力量予以加强;另一方面应进一步完善装备维修战时预案,经常进行战时维修训练,以提高装备维修的快速反应。

二、军事装备维修管理的基本任务

军事装备维修管理是一项科学而完整的系统工程,其各组成系统、分系统间相互依存,相互制约。军事装备维修管理的基本任务主要包括以下几个方面:

(1)建立维修信息系统,掌握和分析军事装备平战时的技术状况以及各种维修资源的状况,为科学维修和装备改进提供可靠依据;

(2)制定军事装备维修管理的规划、计划和方案,适时组织维修力量对军事装备进行维修,最大限度地保持装备的可靠性;

(3)完善军事装备维修体制,拟定合理的维修制度,组织各级维修机构实施维修的技术管理和质量监控;

(4)组织实施军事装备维修设施的建设,维修设备、工具、备件、消耗品等维修器材的筹措、储存和供应工作,及时保证军队的需要;

(5)掌握并合理地分配和使用军事装备维修经费,尽力提高维修经费的使用效益;

(6)组织维修专业训练,不断提高维修管理水平;

(7)组织装备维修和改进的科学研究工作,积极开展维修理论和技术研究及技术革新活动,促进军事装备维修工作的现代化。

第三节 军事装备维修管理学的形成与研究对象

一、军事装备维修管理学的形成

军事装备维修管理学来源于装备维修管理的实践,随着科学技术的进步、装备水平的提高和装备维修管理体制的变化而逐渐形成和发展。几千年来,在装备管理领域里形成了丰富的装备维修管理思想、理论和学术成果。20世纪初,管理科学的形成和发展加快了军事装备管理学的发展。一些国家从装备管理的不同角度进行了研究,推出了一批理论著作,成为军事装备管理学的重要理论支撑。1950年,美军上校贝什兰出版了《国防军事管理》一书,揭开了运用现代科学方法系统研究装备管理的序幕。20世纪60年代前期,"规划、计划和预算系统"(PPBS)问世后,装备管理进入系统管理的新阶段。80年代开始,体现全系统全寿命管理的国防采办概念和制度及其一系列后续改革,被越来越多的国家或地区所采用,而装备维修管理作为装备管理的重要组成部分,在这些理论著作中分别对装备维修管理问题从不同的角度进行了论述。随着科学技术的发展,特别是信息管理自动化、检测维修智能化等高新技术在军事装备维修工作中的广泛应用,在维修工艺、维修设备、维修生产组织方面都有了很大的变革,不断降低维修成本,提高装备维修质量。装备维修管理逐步由传统的经验管理阶段向现代化管理阶段发展。目前,外军在这方面已积累了丰富的经验,如英国的《设备综合工程学》,美国的《维修工程技术》、《维修性工程理论与实践》都对军事装备维修管理提出了许多科学的见解。为适应装备不断发展和信息化战争对装备维修保障的要求,世界主要国家都在加强装备维修管理,进一步研究装备维修理论与实践,改革装备维修体制、制度与方法,加强装备维修设施和人才培训的同步建设,增强装备维修管理的总体水平。

我军在军事装备维修管理方面也进行了有益探索,不仅在维修的新工艺、新技术方面有了大的发展,而且应用现代管理的方法、系统工程和优化技术来研究维修的策略和维修的科学管理,形成了一门新兴的综合型应用学科——装备维修工程学,并取得了明显的军事经济效益。随着军事装备学成为军事学门类的一级学科,军事装备管理与军事装备保障列为军事装备学的二级学科,军事装备维修管理作为军事装备管理的主要研究方向和重要组成部分,相继编撰出版了《装备维修战略学》、《军事装备技术保障学》等有关军事装备维修管理的学术著作,逐步建立完善了军事装备维修管理理论体系。近年来,军事装备维修管理的学术论文和理论著作大量涌现,军事装备维修管理研究进入了快速的发展时期。

二、军事装备维修管理学的研究对象

军事装备维修管理学以军事装备维修管理活动为研究对象,基本任务是揭示装备维修管理的特点和规律,阐明指导装备维修管理的理论和方法,用于指导装备维修管理实践,提高装备建设和装备使用效益。军事装备维修管理学同其他学科一样,有其特定的研究范畴和相对独立的理论体系,总体上区分为基础理论和应用理论两部分。①基础理论。对军事装备维修管理本质、规律及相关理论基本问题的研究。内容包括军事装备维修管理学的基本概念、特点、地位作用、一般规律、理论体系以及与相邻学科的关系；装备维修管理的指导思想、基本原则、装备维修管理体制、装备维修管理职能、装备维修管理机制、装备维修管理法规和方法。②应用理论。用于指导装备维修管理工作的原理与方法。内容包括特殊条件下的装备维修管理、专用装备维修管理、装备维修人才管理、装备维修经费管理和战时装备维修管理等，以及通用装备维修管理、舰船装备维修管理、航空装备维修管理、战略导弹装备维修管理等内容。

第二章 军事装备维修管理体制

军事装备维修管理体制是装备维修管理组织体系及相应制度的统称。主要包括装备维修管理机构的设置及其职能划分、相互关系以及相关的法规制度等。它既是装备管理体制重要组成部分,也是装备维修管理的组织基础和基本保证。装备维修管理体制在军队建设中具有重要的地位和作用,对装备形成战斗力,最大限度地发挥装备的作战效能具有举足轻重的作用。只有建立了科学完善的装备维修管理体制,才能有利于加强军队建设,才能有效促进军队战斗力的不断提高和国防能力的不断增强。

第一节 军事装备维修管理体制的作用与建立依据

一、军事装备维修管理体制的作用

维修管理体制是装备维修管理组织体系及相应制度的统称,主要包括装备维修管理机构的设置及其职能划分、相互关系以及相关的法规制度等。它既是国防管理体制的重要方面,也是军队管理体制的重要组成部分,对于装备科研、生产、订购、调配、维修直至退役报废的管理活动具有极其重要的作用。维修管理体制决定了维修管理系统的基本框架、维修器材的管理体制和组织机构,是发挥管理功能、实现管理目标的重要工具,同时也是实现维修管理过程的运行机制。维修管理体制及其运行机制要受国家的经济体制和运行机制的制约。这就必然涉及到维修管理系统与社会环境的关系。在这种制约作用中,包含着一般和个别的关系,即维修管理体制和运行机制有着自身的特殊性。

二、军事装备维修管理体制的特点

维修管理体制和运行机制受军事指挥体制及国家、军队的有关方针政策的约束。因此,在研究维修管理体制时,既要反映管理的规律,又要反映为装备使用服务的规律,这就要求把装备使用和维修管理结合起来,寻找维修管理体制的最佳形式。在科学技术飞速发展的时期,装备及使用不断呈现出许多新的特点,战争的形式和理论不断更新,为适应这一新的变化,维修管理体制和运行机制必然也会进行变更,这是十分正常的事情。但是,在一定时期保持管理体制和运行机制的相对稳定性,也是维修管理活动的客观要求。因此,这就要求人们研究维修管理体制和运行机制发展的趋势,预测维修管理体制和运行机制改革的方向,为进行维修管理体制和运行机制改革和决策提供理论根据。

三、军事装备维修管理体制建立依据

装备维修管理体制的形成是一个不断改进、调整的过程,并始终处于发展变化之中。建立军事装备维修管理体制主要依据以下四个方面。

(一) 国家经济实力

经济基础决定上层建筑,国家经济实力决定了国家体制的各方面内容,也包括部队的编成。选择何种装备维修管理体制直接取决于国家经济实力。国家经济实力发达,则装备维修可能采取的手段越多样化,与之相应的体制编成的要求也就越高;反之,在经济尚不发达的情况下,脱离实际情况而建立的装备维修体制,不仅不能提高装备的维修水平和保障能力,反而会影响到部队的正常建设和发展。

(二) 科学技术水平

同国家经济实力一样,科学技术水平是体制建立的物质基础。科技水平同样会促进或阻碍装备维修体制的发展。武器装备科技含量越高,则装备维修面临的任务就越重,装备维修系统内部需要的信息要求也就越高,如信息网络的应用在很大程度上改变着装备维修体制的现状,进行体制改革可以进一步发挥装备维修的现有能力,加速维修手段和内容的现代化程度;反之,在科技水平落后的情况下,装备维修体制的发展会受客观条件的限制,因而做出调整的余地也较小。

(三) 社会科学发展水平

任何事物的发展变化都必然与其所处的社会环境相联系。装备维修管理体制同样如此。装备维修体制的设计与改进也必然受到社会科学的影响。社会科学发展水平越高,设计改进装备维修管理体制可采用的管理的选择会越丰富,装

备维修体制改进也会越完善。

（四）军队发展的现状

装备维修管理体制是寓于军队体制之中，军队体制如何直接决定着装备维修体制，这是影响装备维修体制调整的最直接因素。因而，装备维修管理体制问题的思考必须置于军队体制调整的变化之中进行思考。

此外，装备维修管理体制建立还包括国家战略、军事战略、国家的安全状况等。在影响装备维修管理体制的因素中，以上四个依据对军队装备维修体制的影响是最主要、最具根本性的。当然，任何一个因素不是孤立发挥作用，它们共同决定着装备维修管理体制的发展变化，影响装备维修系统效能的发挥。

第二节 军事装备维修管理体制的发展历史和趋势

一、军事装备维修管理体制的发展历史

伴随着武器装备的产生和发展，装备维修管理体制从无到有，不断建立健全和完善。世界许多国家很早就设置了装备维修管理的官员和机构。古埃及，王室设立军械院，负责兵器的管理和生产。古希腊，设有船场总管和造船官负责海军装备的管理和生产。中世纪，欧洲君主专制国家通常由王室任命一名官员负责兵器的管理和生产，如英国和法国于12世纪—13世纪设置御军械司库，14世纪设置御大炮监造官。15世纪末以后，一些国家开始设立负责装备生产和储存的专职机构，如英国、法国、俄国、西班牙等国均建立了军械署。从18世纪到20世纪上半叶，欧洲、北美洲等实现大工业生产的国家，逐步建立起比较完善的装备维修管理体制，对装备科研生产实施全过程管理。从18世纪开始，欧美国家军队在陆军、海军相继设立负责装备供应和监造的机构，如英国、美国陆军的军械局和海军的造船局，德国陆军的军备局，俄国陆军的军事技术局等。20世纪60年代以后，一些军事大国逐步建立起以现代管理理论为指导，适应现代装备发展规律，对装备实行全系统全寿命管理的集中统一的管理体制。如美国于20世纪60年代进行装备维修管理体制改革，实现了装备发展由三军分管到全军统管的转变。

中国的夏、商朝，兵器由王室、贵族的作坊制造。科学技术和生产力低下，冷兵器的生产和管理机构及方法者比较简单。西周，设立大司马、司徒、司空等，分

别负责兵器生产、管理。春秋时期,国君开始设官统一管理兵器制造部门。《考工记》记载中,周王朝设司空,掌管城郭、造宫室车服器械,监百工。战国时期,兵器主要由各国府库附属的作坊制造,设造者、主造者、监造者三级管理。秦由管理宫廷事务的少府掌管兵器制作。汉少府中有职官"考工令",主造兵器。汉武帝实行盐铁官营,冶铸兵器及农具。为加强对兵器的管理,汉制诸侯王不得私造兵器。唐设军器监,领甲坊署、弩坊署。据《唐六典》记载,国家有制造兵器的统一标准和要求。南宋以后,工部开始参与制造兵器。元朝依次由军器局、军器监、武备监、武备库、武备院主管兵器。明朝由工部和内府监局主管,下辖军器局、兵仗局、火药局等。清朝仍由工部和内务府分管兵器,设有武备院、八旗炮厂、八旗火药厂等。晚清,通过不断购买和设立军工厂局进行仿制,为军队扩大近代枪炮舰艇的使用创造了条件,使陆军编制装备的更新和近代海军的创建等方面发生了较大的变革,在装备维修管理体制方面,也具备了近代装备维修管理体制的雏形。

中华民国把装备维修管理列入军政工作范围,1928年11月,国民政府设立兵工署,统一领导全国兵器工业的科研、生产等建设工作。中华人民共和国建立后,装备维修管理体制发生了几次变革。1950年,总参作战部军务局设装备科,1952年,总参军务部设装备处。1953年5月,总参成立兵器装备计划部,1955年8月改称装备计划部,隶属于总参谋长,是负责全军装备建设的计划机构。其主要掌管通用枪炮及其观测指挥器材、通用弹药、坦克、自行火炮、装甲车辆与器材、工兵器材与筑路用的器材、通信器材、防化器材、雷达与探照灯、车辆与拖拉机、被装具、辎重器材与粮食、饲料、炊事器材、医疗器材、兽医器材、油料及其勤务补给器材、仓库与野战用的营具、空军武器与器材、海军武器与器材等计划工作。1969年成立总后装备部,1975年成立总参装备部。期间,1950年1月总后成立军械部,负责装备技术保障工作。1954年组建总军械部,后又改为总参军械部,并曾与总参装备部分分合合。1992年,中央军委决定由总参谋部负责全军的装备技术保障工作。国防工业和国防科技事业的管理体制也不断发生着变革。1951年1月,成立军委兵工委员会,直接领导全国兵器工业的战备生产和建设。1958年,成立国防科学技术委员会,负责国防科研领导管理。1959年,成立国防工业委员会,领导管理全国军工生产。1962年,成立中央15人专门委员会,对重大装备建设问题实施集中统一领导和决策。1982年5月,由国防科委、国防工办、中央军委科技装备委员会办公室(总参装备部七处)合并成立了国防科学技术工业委员会,受国务院、中央军委双重领导,对国防科研生产和基本建设进行统一管理。1998年4月,以国防科工委为基础,将总参装备部以及总参、总后有关单位,合并成立总装备部,在中央军委领导下,负责全军武器装备建设工作,是全军武器装备建设工作的领导机关。

二、军事装备维修管理体制的发展趋势

现代科学技术尤其是高新技术的飞速发展及其在装备领域的广泛应用,必然导致装备维修管理体制的调整和改革。装备维修管理体制更加注重加强集中统一领导,简化管理层次,建立符合全系统全寿命管理要求的装备维修管理体制。当前,世界各国军队都在积极探索建立和完善科学高效的装备维修管理体制。军事发达国家尽管建立了较为完善的维修管理体制,其体制仍然在不断地调整。这些调整对构建装备维修体制指明了发展道路。从对装备提出需求到退役报废全过程的管理看,其组织系统通常由装备从"生"到"死"各环节管理子系统构成。各国装备维修管理体制各具不同的特点。有的国家对装备的科研、生产、采购和维修实行国防部统一规划领导、统一组织实施的管理体制;有的国家实行国防部统一规划领导、各军种分别组织实施的管理体制;有的国家实行国防部统一规划领导、科研与采购分开的管理体制;有的国家实行在国家统一领导下,政府与军队分阶段管理的管理体制,等等。目前,世界一些发达国家,根据装备全系统、全寿命管理的客观要求,把装备全寿命过程作为一个大系统,进行集中统一领导、规划和管理,实行科研、生产、采购和维修一体的装备管理体制,这是装备维修管理体制的发展趋势。

(一) 加强中层和基层维修力量

未来的信息化战争将使装备维修出现两个极端:一是需要高级的维修技术;二是无需或只需简单技术即可维修。信息化装备故障检测能力的增强及零配件的组合化,提高了信息化装备的可维修性,出现了使用部队实施维修反而更容易的趋势。更多技术含量较高的维修检测装备配置到部队,使基层维修能力得到较大提高。利用网络技术进行"远程维修",大大提高了维修速度。现代化战争要求在战时尽可能迅速地修理损坏的武器装备,并力求在发生故障和受到损坏的地点或其附近进行维修。

(二) 将民间维修力量纳入到装备维修管理体制之中

当前许多国家都将"军民结合"作为国防建设的基本政策之一,以同时促进

军事实力和经济实力的提高，外军在装备物资管理、装备维修和运输中积极探索利用民间力量，力求建立"军民一体化"的装备维修体制。因此，将民间维修力纳入装备维修管理体制，已成为外军装备维修管理体制调整的又一重大趋势。

第三节 我军装备维修管理体制的分类和构成

一、装备维修管理体制分类

为组织实施装备维修管理工作而确立的组织体系和相应制度，是科学运用装备保障力量，充分发挥装备保障能力的组织保证。按军种可分为陆军装备维修管理体制、海军装备维修管理体制、空军装备维修管理体制、战略导弹部队装备维修管理体制；按层次可分为战略装备维修管理体制、战役装备维修管理体制、战术装备维修管理体制。

二、装备维修管理体制构成

装备维修管理体制主要包括装备维修管理机构的设置、装备维修管理环节的确定、装备维修管理关系的确立和装备维修管理制度的建立。我军装备维修管理主要经历了由分散管理到集中管理的发展历程。建军初期的1927年，红军后勤部设有军械处和修械所，1931年，红军组建了中央兵工厂，1947年建立第一个坦克技术保障机构。中华人民共和国建立后，相继建立了海军、空军、第二炮兵装备维修管理机构。1998年总装备部成立，实行全军装备维修工作的集中统一管理，全军团以上部队也相继建立了装备部（处），形成了较为完整的装备维修管理体系，并建立健全了维修管理制度。装备维修管理实行总部、军兵种和军区、军以下部队分级分类管理的体制。建立有后方基地级、中继级和基层级三级装备维修作业体系，分别由总部、军兵种和军区以及部队所属的修理工厂（所）、修理分队、仓储机构和使用单位按照分工组织实施。

（一）装备维修管理机构的设置

装备维修管理机构受装备发展水平、装备维修管理手段、装备维修管理方式以及军队体制等多种因素的制约，在不同历史条件下，装备维修管理机构的编配虽有所不同，但精干、高效是编配装备维修管理机构的一贯原则。装备维修管理机构主要由组织计划机构和维修保障实施机构组成。

（1）装备维修管理机构。主要是担负装备维修管理职能的各级机关，其主要职能是计划并组织实施装备的维修组织计划、退役、报废以及装备实力统计等。

（2）装备维修保障实施机构。主要是各级装备保障部（分）队，其主要职能是具体负责实施装备的技术鉴定、日常维护、修理、零备件供应等工作。

（二）装备维修管理环节的确定

在装备维修管理能力适应的范围内，装备维修管理环节越少，层次越简化，装备维修管理体制的运行越顺畅。

（三）装备维修管理关系的确立

确立合理的装备维修管理关系，有利于加快管理速度，提高管理效率。装备维修管理各部门接受上级装备机关的指导，在本级首长的领导下组织实施各项维修管理任务。

（四）装备维修管理制度的建立

建立明确合理的装备维修管理条例和规章，是确保装备维修管理在现行体制下顺利实施的根本保证，通常依据军队编制体制、作战样式、战场环境、装备实际状况等情况，建立相应的装备维修管理制度。

三、装备维修作业体系

依据装备编制及装备维修保障的需求，军队在装备维修活动中建立了装备组织体系。装备维修作业体系的机构设置和任务分工，一般应做到装备维修尽可能在原地修复，在本级无力修复时，以能够立即报送上级维修机构修理或得到上级维修机构支援修理。因此，装备作业体系需要根据装备编制及其装备维修保障需求变化不断调整和完善。维修作业体系的运行，通常采用建制修理与综合划区修理相结合的方式，即专用装备以系统建制修理为主，按军种隶属的建制关系，由建制内的修理单位对所属装备进行修理；通用装备实行打破系统和建制的统一划区修理，在此基础上，积极发展综合修理，在划定的区或内各军种相同或类似的装备实行统一组织修理。实行按建制修理与划区修理相结合的运行方式，能充分利用军队的维修力量，提高维修的军事效益和经济效益。

装备维修作业体系由总部、军种、军区和军以下部队所属的修理厂（站）或维修分队及各级部队编设的修理分队构成，按照维修场所和维修机构的能力，一般分为基地级、中继级、基层级从高至低的三个级别。各级别维修机构的组成及任务由装备领导机关详细规定。通常高一级维修机构可完成下一级维修机构的任务,而下级维修机构未得到上级批准,一般不能进行上一维修机构的工作,以确保装备维修质量,但战时下级维修机构可以进行应急战场修理。

(1)基地级维修,由总部、军种、军区所属各类装备修理工厂、仓储机构和装备制造厂等技术保障机构进行的维修,又称后方基地级维修。根据维修保障的需求及其所配置的保障设施、设备、维修器材、人员专业技术水平等因素,基地级维修主要承担装备的大修(舰船厂修)、加改装、零(部)件制造与修理、计量与检测、保管与维护、维修器材筹措和供应以及平时和战时支援保障等任务。该级配有机动的维修分队,用于给下属维修分队提供技术支援。

(2)中继级维修,由军、师(旅)修理分队和仓储机构,军区直属修理所、航空兵部队修理厂、海军部队修理所、战略导弹部队基地修配厂等技术保障机构进行的维修。根据维修保障的需求及其所配置的保障设施、设备、维修器材、人员专业技术水平等因素,中继级维修主要承担装备中修、部(附)件修理和部队巡回修理、计量与检测、保管与维护、维修器材筹措与供应以及战时装备抢修和供应保障等任务。该级配有机动的维修分队,用于给下属基层级维修分队提供技术支援。

(3)基层级维修,由团以下部队装备技术保障机构或者使用人员进行的维修,又称分队级维修。根据维修保障的需求及其所配置的保障设施、设备、维修器材、人员专业技术水平等因素,基层级维修主要承担装备的维护、技术检查、小修、保管、封存、技术管理和维修器材筹措与供应以及战时装备抢救抢修等任务。

第三章 军事装备维修思想

军事装备维修思想是军事装备思想的重要组成部分,是关于军事装备维修地位、作用、建设、运用、管理等基本问题的理性认识,也是军事装备维修活动实践经验的理论总结,属于对军事装备维修活动最高层次的认识,是对军事装备维修维修实践客观规律的集中反映。其揭示了维修的本质及其内在的规律,指导维修的发展,代表维修的方向,是一切维修方式、制度产生的依据。军事装备维修思想既来源于军事装备维修活动实践,又指导着军事装备维修活动实践,遵循着实践—认识—再实践的认识和指导过程。它随着科学技术的发展和人们对维修实践的不断认识而逐步深化,并随着高新技术的迅猛发展和军事高技术装备的大量使用,在现代军事装备活动中发挥着越来越重要的作用。深入研究军事装备维修维修思想,对指导军事装备维修的实践活动具有非常重要的作用。随着军事装备维修在战争和军队建设中占据着越来越重要的地位,高度反映这种变化的军事装备维修思想,也面临着越来越多的新问题需要研究探讨,并通过研究探讨实现新的发展。军事装备维修思想已成为军事装备理论界重要的研究领域。

第一节 军事装备维修思想的特征

军事装备维修思想既具有军事装备思想的一般特点,也具有自身的一些基本特征。

一、一般性特征

1. 历史性和现实性的统一

军事装备维修思想既具有历史性,又具有现实性,是历史性和现实性的统一。

第三章　军事装备维修思想

所谓历史性，就是要从军事装备维修发展的历史，从们对军事装备维修认识的过程来把握军事装备维修的本质特征。任何一种关于军事装备维修的思想、观点，都是在军事装备维修及其在军事领域应用的历史发展中逐步形成、发展起来的，也只有在这种历史的发展中去把握、去认识，才能真正形成系统的军事装备维修思想。例如，新的军事装备维修思想只有在军事装备维修的历史发展中才能形成。如果割断军事装备维修思想形成和发展的历史的连续性，就不可能真正认识和把握军事装备维修思想的整体内容。

所谓现实性，是指人们对军事装备维修的认识既离不开历史的积累，更离不开现实的客观实际。只有在特定的军事装备维修出现和发展之后，人们才一能对军事装备维修形成特定的认识。例如，旧的军事装备维修思想是在传统的军事装备维修体系的基础上形成和发展起来的，它是军事装备维修思想的最初形式，也是当时军事装备维修发展现实的理性反映。新的军事装备维修思想是建立在新的科学技术，特别是以机械化、信息化装备为主体的军事装备维修体系之上的，是人们对新时期军事装备维修及其发展规律认识的高度概括。随着高技术的飞速发展，信息化装备大量产生及发展，军事装备维修思想也不断更新和发展。

由此可见，任何军事装备维修思想既具有历史的连续性，又具有现实的规定性。在军事装备维修发展的不同历史时期，人们对军事装备维修有不同层次或程度的认识，所形成的军事装备维修思想也具有不同的特点。因而就形成了既有历史连续性、又有现实规定性的古代军事装备维修思想、近代军事装备维修思想和现代军事装备维修思想，构成了一个完整的军事装备维修思想体系。坚持历史性和现实性的统一，从历史发展中探索军事装备维修发展的一般规律，立足实际情况探索军事装备维修发展的特殊规律，是军事装备维修思想研究的基本出发点。

2. 理论性与实践性的统一

军事装备维修思想既是对军事装备维修实践的经验总结和理论概括，又对军事装备维修实践具有十分重要的指导作用，是理论性和实践性的统一。

军事装备维修思想理论性和实践性的统一，首先反映在理论来源于实践。军事装备维修思想作为一种理论形态的东西，它具有特定的概念、范畴和逻辑规律，并由此形成特定的思想体系，具有很强的理论性。但一切真正反映军事装备维修规律的军事装备维修思想，都是军事装备维修实践经验的总结和升华，如各种军事装备维修思想,或者是自身的军事装备维修实践经验的总结概括,或对间接的军事装备维修实践经验的抽象提炼。

军事装备维修思想理论性和实践性的统一,不仅反映在理论来源于实践,同时也反映在它能为从事各项军事装备维修实践活动提供科学的指导。军事装备维修思想可以为军事装备维修的发展提供科学的方法论,从而使军事装备维修实践活动减少盲目性,增加科学性,少走弯路,减少失误,指导军事装备维修的顺利发展,提高军事装备维修管理、保障的效益。在军事装备维修思想指导下,军事装备维修实践又是不断发展的,新的实践需要新的思想作为指导,从而推动军事装备维修思想不断发展。特别是当军事装备维修实践发生重大变革,原有的军事装备维修思想难以完全适应新的军事装备维修实践时,军事装备维修实践对新的军事装备维修思想产生强烈的要求,并成为军事装备维修思想发生重大变化的契机。

军事装备维修思想理论性与实践性的统一,还表现在军事装备维修实践对军事装备维修思想具有检验作用。军事装备维修思想只有通过军事斗争或军事装备维修建设的实践,才能得到检验。接受军事装备维修实践检验的过程,也就是军事装备维修思想得以发展的过程。实践、认识、再实践、再认识,如此循环往复,才能推动军事装备维修思想不断向前。

3. 继承性与创新性的统一

军事装备维修思想既具有继承性,又具有创新性,是继承性与创新性的统一。

军事装备维修思想的继承性,是对军事装备维修思想遗产中具有普遍真理意义的部分保留、吸收和借鉴。创新性是在继承的基础上,通过对新的军事装备维修实践的科学概括而实现的理论创新和对原有理论的丰富、完善和修正。军事装备维修思想就是在继承与创新的统一中不断发展的。

任何一种军事装备维修思想都是在继承前人的军事思想和实践中发展起来的。没有继承,军事装备维修思想就会失去基础;没有继承,军事装备维修思想就不会形成严谨的逻辑体系。然而,军事实践是不断发展的,人的认识能力也是不断提高的,适用于一定发展时代和人们认识水平的军事装备维修思想,随着时间的推移,不可避免地会遇到越来越多的新情况、新问题,从而需要对新的军事装备维修实践经验作出新的概括、总结,以适应新的需要,这就决定了军事装备维修思想必须不断创新发展。机械化时代的军事装备维修思想不能停留在传统冷、热兵器时期军事装备维修思想的水平,信息化条件下的军事装备维修思想则应适应高技术战争的发展需求。继承体现了军事装备维修思想的历史连续性,创新则体现了军事装备维修思想的历史进步性。

4. 斗争性与融合性的统一

军事装备维修思想既具有明显的斗争性,又具有相互融合性,是斗争性与融合性的统一。

由于军事装备维修始终是作为军事斗争的工具而存在和发挥作用的,故军事装备维修之间具有明显的对抗性。一种军事装备维修的产生,必然引起相对抗的军事装备维修的出现。与此相反,作为对军事装备维修形成总体理性认识的军事装备维修思想,在其形成和发展过程中,必然会存在不同的观念和认识,这些不同的观念和认识之间必然会引发激烈的争论,甚至尖锐的斗争。也正是在这种争论和斗争中,人们不断深化了对军事装备维修特点和规律的认识和把握,形成了特定的军事装备维修思想。

二、特殊性特征

1. 保障与被保障的统一

保障与被保障指既要保障军事装备完好、保障作训任务遂行,同时自身也需要相关条件的保障,如军事装备维修器材、设施、设备、训练、其他条件等方面的保障。因此,保障与被保障是军事装备维修思想的特征之一。保障与被保障是矛盾的对立统一,既相互对立,又相互依存。没有保障就谈不上被保障。反之,没有被保障,也就谈不上保障。保障的意义在于对被保障的对象实施保障。而被保障对象的客观存在,则要求获得必要的保障。因此,军事装备维修思想实践活动的最基本要求就是保障与被保障的统一。只有当保障与备保障实现了真正的统一,军事装备维修才具有实际的意义。从一定意义上说,军事装备维修思想的核心问题是获得促成保障与被保障统一的理性认识。

2. 技术与装备的统一

技术与军事装备的统一是军事装备维修思想的又一特征。在军事装备维修实践活动中,维修就是利用技术与装备的特殊关系,通过各种技术资源的筹措、配置和利用,使军事装备获得维护和修理。在军事装备维修中,技术与装备构成了又一对独特的矛盾。技术是维修的主要资源,军事装备是维修的主体对象。如何将技术与装备统一起来,是军事装备维修的关键问题,也是军事装备维修的一个特色。没有技术与装备的统一,就不会有军事装备维修。因此,只有当技术与装备统一起来,军事装备维修才能得以实施。在技术与装备的相互关系上,军事装备维修思想体现的是两者统一的理性认识。这一特征,从军事装备维修思想发展史上也能清晰地看到。20世纪40年代以前,对应的是简单装备维修技术,产生的是事后维修思想。20世纪40年代至70年代末,对应的是机械化装备维修技术,产生的是定期维修思想。20世纪80年代初至20世纪末,对应的是复杂机电装备维修技术,产生的是综合维修思想。20世纪末至今,对应的是信息化装备维修技术,产生的是信息化维修思想。

3. 平时与战时的统一

军事装备维修思想辩证的认识平时与战时维修的关系。将平时与战时对立起来、割裂开来,都不符合军事装备维修思想的着眼点和立足点。平时为战时,始终是军事装备维修思想的基本思路。平时加强军事装备维修建设,是为了战时军事装备维修的需要。只有按照战时军事装备维修的要求去建设,才能使平时的军事装备维修活动方向正确,目标明确。而将平时与战时截然分开,对立起来,是与军事装备维修思想特征相悖的。

4. 局部与全局的统一

军事装备维修思想与军事装备思想是局部与全局的关系。而军事装备思想与军事思想又是局部与全局的关系。因此,军事装备维修思想必须与军事装备思想统一,与军事思想统一,也就是局部与全局的统一。局部不服从全局,不与全局统一,就会对全局造成严重的负面影响。如果将局部与全局的关系颠倒过来,问题就会更加严重。因此,军事装备维修思想是从属于军事装备思想的,也是从属于军事思想的。向上,军事装备维修思想必须接受军事思想和军事装备思想的指导,坚持局部与全局的统一,积极在军事思想、军事装备思想的范畴和指导下理顺与各方面的关系;向下,军事装备维修思想需要在自身领域内不断地开拓、发展、完善和深化。

此外,军事装备维修之间还具有很强的整体性、相关性。全部军事装备维修构成一个统一的大系统,相应的军事装备维修组合成具有一定功能的子系统。系统内某个要素的变化,必然引起相应要素的发展,从而导致系统的不断整合。对军事装备维修的认识也是这样,不同的学术观点和认识,在经过激烈的争论和斗争之后,会达成某种程度的统一,并最终走向融合,形成正确的军事装备维修思想。由于人们分析问题的方法、认识的角度和掌握资料的差异,军事装备维修思想在发展过程中存在不同观点的争论是必然的。正是不同观点的相互争论、相互补充、相互融合，才促进军事装备维修思想不断向前发展。

第二节 军事装备维修思想的基本内容

经过多年的发展、积累和升华，军事装备维修思想已经形成了基本体系，并构建成军事装备思想体系中的分体系。军事装备维修思想主要包括军事装备维修地位作用思想、军事装备维修建设思想、军事装备维修管理思想、军事装备维修运用思想等。

一、军事装备维修地位作用思想

客观的认识军事装备维修，全面地评价军事装备维修的作用，准确定位军事装备维修的地位，这些是军事装备维修地位作用思想的核心问题。

不同的历史时期，不同的战争，不同的军事装备和技术水平，其军事装备维修也是不尽相同的。由此产生了各种各样的军事装备维修地位作用思想。古代战争，使用的是冷兵器，军事装备维修相对简单得多，作用不很明显。因此，军事装备维修在战争中的地位不高。近代战争，热兵器成为主战兵器。热兵器的技术含量逐步增大，技术结构愈加复杂，对军事装备维修的依赖性也越来越大。不仅战时离不开军事装备维修，就是平时也需要随时随地的实施军事装备维修。一旦失去了有效的军事装备维修，热兵器的杀伤破坏作用甚至还不如冷兵器。于是在热兵器战争中，军事装备维修的地位作用有了大幅度的提高。军事家开始将较多的注意力放到了军事装备维修上。现代战争，高技术武器正在成为主战兵器。这类军事装备技术含量空前增大，无论是平时还是战时，都离不开军事装备维修。

与以往的军事装备相比，现代军事高技术装备在侦察监测能力、突防能力、命中精度、毁伤威力、机动能力、生存能力等方面都有显著的提高。由于军事装备维修工作的好坏直接关系到其战术性能的发挥，军事装备维修工作也更加复杂。如海湾战争中，多国部队共有20多个种类、40多个型号的3000多架飞机，每架飞机平均需要几十名技术人员提供维修保障。部队人员编制中，维修人员数量有了大幅的提升，而且还在增加。如何实施有效持续的军事装备维修，已经成为军事指挥员考虑的重点问题,有时甚至是核心问题。在现代战争尤其是信息化条件下局部战争中,由于大量使用高技术装备,使战争具有机动范围广、节奏快、强度高、消耗大和军事装备损伤多等特点,因而对军事装备维修的要求更高,依赖性更大。以美军为代表的西方国家在推进军事装备现代化过程中,十分重视军事装备维修建设,把其作为军事战略的重要组成部分,经过不断改革,建立了完善、高效、可靠、一体化的军事装备维修力量,在打赢海湾、科索沃、阿富汗等高技术局部战争中发挥了重要作用。例如,在历时42天的海湾战争中,多国部队出动飞机109870架次,平均每天出动2612架次;每架飞机每天平均飞行少则2小时~4小时,多则十几小时,但各型飞机完好率平均达92%,良好的维修保证了部队出动强度和持续作战能力,为战争胜利提供了有力保障。在现代战争中,军事装备维修已成为战争力量的重要组成部分,是影响战争进程和结局的重要制约因素,高效的军事装备维修已成为打赢信息化条件下局部战争的重要支撑。可以说,现代高技术战争既是打军事高技术装备,又是打高技术、高效率的军事装备维修。

今天,并非普遍都能认识到军事装备维修应有的地位作用。传统的观念、技术的水平、时间的差异等都会带来认识上的差异,造成认识上的误区,不利于对军事装备维修地位作用形成正确的认识。研究军事装备维修地位作用思想,目的在于针对不同的历史时期、不同的条件下,如何正确地评价和定位军事装备维修,意义更为重要。若不能正确地认识未来战争军事装备维修的地位作用,平时就不可能正确地进行军事装备维修建设,战时就不可能有效地实施军事装备维修,去赢得战争的胜利。

二、军事装备维修建设思想

战时的军事装备维修能力和水平,主要取决于平时的军事装备维修建设程度。如何建设能应付未来信息化战争需要的军事装备维修力量,是军事装备维修建设思想的核心问题。这方面主要包括对建设原则、建设方向、建设目标、建设任务的确定;建设方针政策和途径的选择;建设力量的投入和使用;维修人才队伍建设;建设环境与国家建设、军队建设环境相适应等认识。军事装备维修建设思想是军事装备维修建设的指导,从根本上决定着军事装备维修建设的未来。立足实现国强军强和科学技术的进步,着眼未来可能发生的信息化战争需求,去建设军事装备维修力量,是军事装备维修建设思想的出发点和落脚点。

军事装备维修建设与军事专备建设并行(同步)的思想,是军事装备维修建设思想的重要内容。并行(同步)建设思想有利于指导军事装备建设尽快形成战斗能力和保障能力。军事装备建设周期比较长。一部大型军事装备从立项研究到定型列装一般都需要10多年或20多年时间。如果等新军事装备列装后再考虑其军事装备维修建设,形成战斗力和保障能力的时间会更长。从军事装备使用效益讲,很不合算,是一种极大的浪费。并行(同步)建设思想的优势在于能够大大缩短建设周期。将维修装备纳入军事装备体系一起考虑的思想,是军事装备维修建设思想的重要内容。军事装备一体化构成、一体化建设的思路是一条正确的思路。维修装备作为军事装备一体化构成的重要部分,必须纳入这个大体系中,求得合理和配套的建设。

三、军事装备维修管理思想

管理具有普遍性,管理出效益,管理决定着军事装备维修效益的好坏。军事装备维修管理实践,产生了军事装备维修管理思想,可以转化为科学的军事装备维修管理,促进军事装备维修获得好的效益。军事装备维修管理思想主要包括管理观念、管理概念;管理模式认定;管理方法和手段的选择运用;管理目标和效益的认可等思想。管理具有相通性,因此开放性强。军事装备维修管理思想虽然具有自身的特点,但也很容易吸取、采纳其他领域和行业的管理思想精华。在高层次的管理思想层面,相通性更强。

军事装备全系统、全寿命管理思想,是军事装备维修的重要依据。军事装备维修管理是实施系统全寿命管理的主要手段和重要内容。因此,在军事装备维修管理中,不仅应当强烈渗透全系统、全寿命管理思想,而且应当自始至终贯穿全系统、全寿命管理思想。只有这样,军事装备维修管理才能产生更大的效益。

法制化管理思想,是军事装备维修管理思想的又一重要组成部分。军事装备维修涉及面宽、层次较多、关系复杂,且技术性、专业性、系统性强,实施严格的法制化管理,有助于军事装备维修管理的科学化、制度化、标准化,避免错误、失误和事故的发生。

信息化管理思想,是信息时代赋予军事装备维修管理思想的新内容。信息化管理思想包含着三个方面的含义:一是积极采用最先进的信息管理技术和手段;二是优化管理程序,使管理更简捷有效;三是实现全员、全程、实时管理,显著提高管理效益。

四、军事装备维修运用思想

军事装备维修运用思想,主要包括军事装备维修运用的特点规律、基本原则;对各种要素的整合和协调;军事装备维修由平时向战时转换的指导;军事装备维系运用于作战的关系;运用的目的效果;维修力量的体制、编成、配置、补充、恢复、重组等选择;维修模式的选择;维修指挥的方式;维修方案的选择;实施维修遇有被动不利情况下对策选择等。军事装备维修运用思想,属于针对特定对手、特定条件,目的性明确,对抗性极强的思想;也是军事装备维修思想中最为重要、最活跃的思想。

军事装备维修运用思想的生命力在于继承和发展的有机结合。上一次战争的军事装备维修运用思想不一定适用于下一次战争。随着高新技术的发展核心军事变革的推进,军事装备技术保障运用的内在功能和外部条件也在发生着很大的变化,促使着军事装备技术保障运用思想的发展和创新。

第三节 历史上的主要军事装备维修思想

军事装备维修思想从军事装备维修的形成、发展、保障及管理等各个方面的全过程来研究军事装备维修的一般认识论和方法论问题,从而为人们认识军事装备维修问题提供基本观点。因此,军事装备维修思想蕴含着十分丰富的内容。其主要的维修思想包括以下几个方面。

一、传统的军事装备维修思想

军事装备维修维修思想有一个发展和演变的过程。概括地说,传统的维修思想是:装备的安全性与其各系统、部件、附件、零件的可靠性紧密相关,可靠性又与装备的使用时间直接有关,而且在预防维修与可靠性之间存在着根本性的因果关系。因此,必须通过按使用时间进行的预防维修工作,即通过经常检查、定期修理和翻修来控制装备的可靠性。预防性维修工作做得越多,装备越可靠。翻修间隔期的长短是控制装备可靠性的重要因素。这是一种以定期全面翻修为主的预防维修思想或定时维修思想,"翻修期控制"直到现代维修思想确定之后,才逐步退出历史舞台。但其合理部分作为一种维修方式保存下来。因高额的维修成本,翻修期长短与装备安全的关系问题迫使人们对传统思想进行重新评价,开得出以下几点认识。

(1) 传统的定时维修只适用一些简单零部件和有支配性故障模式的复杂零部件。它们的故障往往集中出现在某一平均工龄附近,给出一个工龄限制,对其可靠性可以起到有效控制的作用;给有安全性后果的零部件一个安全寿命,给有重大经济性后果的零部件规定经济寿命,也是必要的。但是绝大多数零部件的故障发生时间沿着时间轴均匀分布,并不集中出现在某一平均工龄左右,因此,企图通过使用时间来控制其可靠性是不能奏效的。

(2) 零部件的可靠性与安全性的联系,通过余度设计、破损安全设计和其他方法可以削弱和切断。这样,关于故障全部影响安全性的假设就不符合现代装备的实际情况。真正有安全性后果的故障不足20%。

(3) 装备的固有可靠性和安全性水平是有效维修所能达到的最高水平。维修的作用是保持这一水平。如果采取了一切可能的预防措施仍然发生问题,那就证明装备的固有能力不足,唯一的办法就是更改设计。

(4) 预防性维修必须根据零部件的故障规律及后果,采取有针对性的维修方式,不是预防工作做得越多越好。如果预防工作超过了一定限度,反而会使零部件的可靠性下降。

纵观军事装备维修维修发展的历史,可以看出在现代军事装备维修思想产生以前,传统的军事装备维修思想的主要代表是事后维修思想和以预防为主的维修思想。

(一) 事后维修思想

事后维修思想的含义是:在装备发生故障后再进行维修;通过维修来排除故障,从而恢复装备的技术状态。事后维修思想是军事装备维修思想发展过程中合乎逻辑的一种朴素的唯物主义思想。事后维修是非计划的、被动做出反应的维修。它虽然具有一定的局限性,但在生产力低下、技术水平落后的冷兵器和热兵器发展初级阶段,却是一种比较经济实惠的维修方式。

1. 产生发展过程

从冷兵器时代到20世纪40年代以前,受当时生产力水平、军事装备水平及其对维修需求的制约,军事装备维修的建设与发展漫长而缓慢。在冷兵器时期,摒弃对维修的要求不高,人们也没有意识到维修的重要性,也就不可能提出维修概念。但是,人们仍对摒弃维修产生了一些朦胧意识。如孔子提出,"工欲善其事,必先利其器",实际上就暗含有做好兵器维修的意思。这个思想不仅在当时,而且在后世都对战争的准备和保障有重大影响。这时期,维修的主要内容是为保持兵器锋利而进行的简单维护和修理,并主要通过兵器持有者个人进行。火器时代后,由于火器结构较冷兵器要复杂得多,其维修工艺和技术要求也高得多,一般需要掌握某种专业技术的工匠和一定的维修设备进行维护和修理,所以这一时期的军事装备维修主要以专业人员维护和修理的方式进行。19世纪初,新火器的出现,使掌握近代科技知识以及受过专业训练的维修人员,配置制式的机械维修设备,成为军事装备维修不可缺少的客观条件。但是,在大多数管理人员的头脑里,预防装备的故障并非头等大事。同时,大部分武器装备的设计余量很大,这就使武器装备比较可靠且易于修复。因此,除了简单的清洁、维护和润滑等日常检修工作外,不需要进行什么系统的维修,对维修人员技能的要求也比今天低。在这一时期,主要实行故障发生之后进行的恢复性检修方式,即事后检修,此阶段的特点是运行人员常常兼做检修人员,装备的保养维护未受到重视,维修的概念尚未完全形成。

2. 主要内容

事后维修思想基本适应当时装备构造比较简单、维修技术手段比较落后的客观实际,是当时的维修实践在人们头脑中的客观反映:维修对象是简单装备;维修目标是恢复装备功能;维修观念认为:装备使用时间长就会出故障,故障后要修理,修理是技艺活动,不需理论指导;维修方式采用故障后修复;维修方法主要采用磨锐、防锈、换件、原件修复;无维修理论指导。

事后维修思想今天虽然已不再是占据主导地位的维修思想,但它在军事装备维修活动中仍然具有一定的适用性。这种思想主张充分利用零部件或系统的寿命,对一些非致命性故障采用事后排除的维修方法。在装备维修的某些领域,仍在沿用这种思想,如:装甲车辆的履带板通常是在出现裂纹后才予以更换;车辆的摩擦片也往往是在不符合技术要求时才进行修理。

(二) 以预防为主的维修思想

以预防为主的维修思想,以预防为主的维修思想的含义是:在装备发生故障前就进行维修;通过维修来预防故障,从而保证军事装备维修的技术状态。以预防为主的维修思想是在人们对故障原理再认识基础上产生的。其基于这样一个概念,即复杂装备中的每一部件都有一个"正常的工龄",达到此工龄就必须翻修,以确保装备安全性和使用可靠性。

1. 产生发展过程

20世纪40年代以后,人们发现机械化时代军事装备维修的故障规律通常是:"装备的机件要工作—工作必磨损—磨损出故障—故障影响工作并可能危及安全"。尤其是第二次世界大战的爆发,战争带来的压力增加了对各种装备的需求,到了20世纪50年代,所有类型装备的数量都更多且更复杂,武器装备开始依赖于维修。这使人们想到可能并且应该预防装备故障,进而形成了预防性维修的概念。因此,为了尽可能保证每个机件安全可靠,就应在装备发生故障前进行维修。这样,以预防为主的维修思想即应运而生。

2. 主要内容

在这一时期,人们认识到装备维护检修的重要性,产生了主动防止故障发生的预防性维修的思想,建立了事先维修的简单措施。

此阶段,检修工作从日常生产中渐渐分离出来,形成了相对独立的专门从事维修的人员配置:其维修对象是机械装备;维修目标是保持或恢复装备功能;维修观念认为,故障规律符合浴盆曲线,定时翻修很重要,维修需要理论指导、需要资金投入;维修方式采用定期维修、故障后修复;维修方法主要采用拆装和原件修复;以维修工程理论为指导。

根据这种思想,装备维修要广泛采取各种预防性措施,以减少发生故障的可能性和事后排除故障的困难。由于人们认为机件磨损主要是时间的函数,所以定时维修就成了贯彻以预防为主维修思想的主要方式。以预防为主的维修思想,改变了事后维修的被动性,在保证部队完成作战、训练和其他任务的过程中发挥了积极作用。

然而,实践发现"以预防为主"的维修思想也有一定的局限性。在定期维修过程中也会产生一系列不良后果。其主要表现如下。

(1) 需要直接经验的指导,只能提出一般性的维修原则和要求,缺乏针对性的内容;只着重解决装备维修中的具体问题,局限于维修技术的研究而忽视了装备维修的整体,缺乏对维修管理的研究。

(2) 只反映了人们对机件磨损的一般认识,只能消除因机件磨损而产生的故障,不能避免因疲劳、损坏、锈蚀、老化、人为差错等原因所造成的大量随机性故障;刻板地采取定时定程维修和离位分解检查的方法,造成了维修工作"一刀切"的盲目现象工作量大,时间长,费用高;美国海军正在开展的"水面舰艇维修工程分析",取消了舰艇计划维修系统中大量不必要的预防性维修。据统计,维修总费用降低了40%左右,但装备系统出现故障的概率并没有显著的提升,关键故障的概率几乎没有增加。

(3)频繁的拆卸使维修的针对性差,导致装备可靠性下降,甚至人为地潜藏了一些故障隐患。

根据国外资料统计,由于维修本身造成新故障的事例很多。世界上三大恶性故障,博帕尔毒气泄漏事故、切尔诺贝利核电站事故和阿尔法石油气爆炸事故其中有两次是由于维修工作造成的。很多企业和部队均有类似的经验教训,本来很稳定的设备一经维修后反而出现了故障,甚至会导致设备的寿命减少。大型高精尖设备,零件很多,各种零件之间连接又特别牢固,每次拆装都要损坏一部分零件,并使很多零件受到外力冲击,导致设备总体寿命下降。

二、现代军事装备维修思想

现代军事装备维修思想是在20世纪60年代以后逐渐产生的。现代维修思想,是以可靠性为中心的维修思想。这种思想是建立在综合分析装备可靠性的基础上,根据不同零部件配不同故障模式和后果,采用不同维修方式和维修制度的科学维修思想。它的实质就是采用最经济有效的维修,对装备可靠性实施最优控制。主要体现在以下几个方面。

(1)现代维修思想是以可靠性为中心。要正确认识和处理装备设计与维修之间的关系,必须以可靠性为中心搞好维修品质设计,要采用各种先进的设计思想和制作技术,从根本上改善和提高装备的可靠性、安全性。

(2)要以保持和恢复装备的可靠性、安全性等水平为总目标,确定正确的维修方针。既要通过与维修人员合作,把各类装备的所有零部件均置于维修监控之下,又必须区分重要零部件和一般零部件、简单零部件和复杂零部件只做那些十分必要的维修工作。

(3)制定以可靠性为中心的维修方案。装备的维修方案是具体地对某一件装备实施预防性维修的指导性技术文件,是维修保障设计的一项重要内容,应运用决断分析技术加以实施。

(4)装备维修部门应以可靠性控制为主要目的建立装备维修信息系统,收集和处理故障信息和维修信息,为维修的优化和装备的改进提供必要的数据。

现代军事装备维修思想的主要代表有以可靠性为中心的维修思想和全系统全寿命的维修思想。

第三章 军事装备维修思想

（一）以可靠性为中心的维修思想

以可靠性为中心的维修思想的含义是：根据装备的可靠性状况进行必要的维修；通过维修来控制或消除使装备可靠性下降的各种因素，保持或恢复装备的可靠性。其维修对象是复杂机电装备；维修目标是以最低的费用保持装备的可靠性、安全性；维修观念认为，维修方式多种，应根据故障的特点、规律和后果综合决策。维修方式采用定期维修、视情维修、故障探测、故障后修复或改进性维修等多种；维修方法主要采用表面工程技术、故障诊断技术、状态监测技术、测试技术等；以综合设备管理、以可靠性为中心的维修理论、以全员生产维修等为指导。

在过去的几十年中，维修领域的变革也许比任何其他管理学科的变革都要大。这种变革是因为需要维护的装备数量和种类大为增加，设计更为复杂、维修技术不断更新，以及对维修体制和维修职能的认识进一步深化的结果。随着工业领域的变革进程异常迅猛，越来越多的装备故障具有严重的安全性后果和现实性后果，而维修费用也开始成为装备保障费用中第二位甚至最高的成本构成，在军事领域中，可靠性和可用性已成为关键性的因素。

随着可靠性理论和先进测试设备在维修活动中的应用，人们对大量的维修资料和数据进行了统计和分析，逐渐认识到：装备出现故障是可靠性下降的结果；在装备的全寿命过程中，引起可靠性下降的因素是多种多样的；维修的主要任务就是要控制影响装备可靠性下降的各种因素，达到保持和恢复装备的可靠性的目的。随着强调大修和保障系统的经典思想演变成包括各种不同领域里的多种新发展的过程。新发展包括：决策支持工具，如危险研究、故障模式与影响分析以及专家系统；新的维修技术，如状态监控；更加注重设备的可靠性和维修性设计；按组织思维的主要方法向参与、合作、灵活的方向转变。

今天维修人员所面临的主要挑战，不仅是要学习这些新技术，而且要能决定在本单位内哪些值得做，哪些不值得做。如果人们做出了正确的选择，就能够改善资产的性能且同时控制住甚至降低维修费用。如果选择是错误的，就会产生新问题，同时会使现存问题更加严重。

1. 产生和发展过程

以可靠性为中心的维修思想是随着人们对装备故障规律认识的深化，于20世纪60年代以后逐渐产生的。应用也已有30年了。1960年，美国联邦航空局和联合航空公司双方的代表组成维修指导小组，对可靠性与拆修间隔之间的关系进行了研究。由于可靠性工程、维修性工程、故障物理学和故障诊断技术等新兴学科的相继出现，以及概率统计和管理科学的新发展，不仅积累了维修经验，而且还取得了足以进行科学研究的实践数据和资料。在此基础上，1961 年 11 月 7 日颁布了《联邦航空局/航空工业可靠性大纲》，大纲中指出："过去人们过分强调控制拆修间隔期以达到满意的可靠性水平，然而经过深入研究后深信，可靠性和拆修间隔期的控制并无必然的直接联系。因此，这两个问题需要分别考虑。"这个研究成果对于传统维修观念，即"机件两次拆修间隔期的长短是影响可靠性的重要因素"是一个直接的挑战，定期维修的效果受到质疑。此后，人们尝试将各种可靠性大纲中所学到的东西综合起来，以研究出一种通用的制定预计性维修大纲的方法。1965 年首次出现了一种初始的"逻辑决断图"方法，经完善后，1968 年 7 月出现"MSG-1 手册：维修的鉴定与大纲的制定"，首次提出定时、视情和状态监控的 3 种维修方式，用于制订 B-747 飞机预防性大纲，这是以可靠性为中心的维修理论实际应用的第一次尝试，并获得了成功。

20 世纪 70 年代初，美国军事装备的维修费用以相当惊人的幅度增长，而采用 MSG-2 的民航维修费用却下降了 30%，并引起美国军方的注意，美国国防部明确命令在全军推广以可靠性为中心的维修。20 世纪 70 年代后期 RCM 开始在美国陆、海、空三军装备上获得广泛应用到 20 世纪 80 年代中期，美国陆、海、空三军分别就 RCM 的应用颁布了标准和规范。美国国防部指令和后勤保障分析标准中，也明确把 RCM 分析作为制定预防性维修大纲的方法。为了更好地应用 RCM，美国三军除制定明确的指令和标准外，还制定了各自的 RCM 工作规划。1978 年，美国联合航空公司的诺兰等受国防部的委托发表了《以可靠性为中心的维修》专著，该专著对故障的形成、故障的后果和预防性维修工作的作用进行了开拓性的分析，首次采用自上（系统）而下（部件）的方法分析故障的影响，严格区别安全性与经济性的界限，提出多重故障的概念，用四种工作类型（定时拆修、定时报废、视情维修和隐患检测）替代 3 种维修方式（定时方式、视情方式和状态监控方式），重新建立逻辑决断图，使以可靠性为中心的维修又向前迈进了一大步。从此，人们把制订预防性维修大纲的逻辑决断分析的方法统称为 RCM(Reliability Centered Maintenance)。20 世纪 80 年代以后，以可靠性为中心的维修理论又有了进一步的发展。1980 年，西方民航界吸收了 RCM 的优点，将"MSG-20"修改为"MSG-30"，1988 年又修改为"MSG-3 修改 1"；1993 年再次修改为"MSG-3 修改 2"；1984 年，美国国防部发布指令 DoDD4151.16

《国防设备维修大纲》,规定采用以可靠性为中心的维修。美国三军借鉴 MSG 和 MSG-3 法,分别制订适用于本军种飞机与其他装备的军用标准或手册。RCM 不仅被军事领域所重视,而且在商界也具有广泛的应用。进入 20 世纪 90 年代后,RCM 逐渐在工业发达国家兴起并应用于生产设备的维修管理。1991 年英国 Aladon 维修咨询有限公司的创始人 JohnMoubray 在多年实践 RCM 的基础上出版了系统阐述 RCM 的专著《以可靠性为中心的维修》,结合民用设备的实际情况,在 RCM 和"MSG-3 修改 1"的基础上,提出了"RCM2"。10 余年来,为 40 多个国家的 1200 多家大中型企业成功地进行过 RCM 的咨询、培训和推广应用工作,已在许多国家的钢铁、电力、铁路、汽车、地铁、海洋技术、核工业、建筑、食品及药品等行业广泛应用。我国的航空维修理论研究起步较晚,20 世纪 70 年代中期以前一直沿用苏联的体制和方式方法,虽然在传统的"安全第一、预防为主"维修思想的指导下进行了多次组织制度的改革并取得了一定的效果,但仍然没有突破苏联的早期模式。1979 年,我国民航和空军首先引进了以可靠性为中心的维修,取得了较好的效果。随后,海军、陆军和各工业部门也逐渐开展了研究和应用。1989 年 5 月,原航空航天工业部发布了航空工业标准 HB6211《飞机、发动机及设备以可靠性为中心的维修大纲的制订》,并运用于轰炸机和教练机维修大纲的制订。1992 年国防科工委颁布了国家军用标准 GJB1378《装备预防性维修大纲的制定要求与方法》,该标准在海军、空军及二炮部队有关装备上的初步应用取得了显著的军事、经济效益。

2. 主要内容

以可靠性为中心的维修思想有以下要点。

(1) 装备维修的全部工作要以可靠性理论为基础组织进行。大到维修时机、维修范围、维修标准与规范等,小到一个零件修复后的可靠性,一个项目的诊断检查标准等,都要以保证和提高装备的整体可靠性为根据来拟订。

(2) 装备可靠性是由设计、制造和使用三方面共同努力来实现的,提高可靠性也需要三方面合作。维修可以保持和恢复军事装备维修的可靠性,并且可以为设计制造部门提高装备的可靠性提供极有价值的信息。

(3) 装备维修后的可靠性指标是评价维修质量最科学的方法。其主要解决了在现行的使用背景下,装备的功能及相关的性能标准是什么;什么情况下无法实现其功能;引起各功能故障的原因是什么;各故障发生时会出现什么情况;各故障在什么情况下至关重要;做什么工作才能预计或预防各故障;找不到适当的主动性维修工作应怎么办等七个问题。

主要内容包括以下几个方面。

(1) 关于定时维修的作用。传统的维修观念认为,装备老,故障就多,故障主要是耗损造成的,故障的发生与使用时间有关,到达一定使用寿命后故障率迅速上升,必须进行定时维修,以预防故障的发生而以可靠性为中心的维修理论认为:定时维修对某些简单装备的故障预防是有用的;但对大多数复杂装备而言,定时维修不仅对故障预防的作用甚微,相反还会带来早期故障和人为差错,导致增大了总的故障率。

(2) 潜在故障与功能故障。以可靠性为中心的维修理论提出潜在故障的概念,所谓潜在故障是一种指示功能故障即将发生的可鉴别的状态有明确的潜在故障概念。通过定义潜在故障来开展视情维修,利用潜在故障来防止功能故障的出现,使设备在不发生功能故障的前提下得到充分的利用,达到既安全又经济的使用目的,这正是现代维修理论的一个重要贡献。

(3) 隐蔽功能故障与多重故障。隐蔽功能故障是指正常使用设备的人员不能发现的功能故障;多重故障是指由接连发生的多个独立故障所组成的故障事件,它可能造成其中任一故障不能单独引起的后果。多重故障与隐蔽功能故障关系密切,如果隐蔽功能故障没有及时被发现和排除,就会造成多重故障的可能性,产生严重的后果。所以,可采取加大对隐蔽功能故障的检测频率,来及时排除隐蔽功能故障,防止多重事故的发生。

(4) 针对不同的故障后果采取不同的对策。预防故障的根本目的不仅限于预防故障本身,而且在于避免或降低故障的后果。要不要进行预防性维修工作,不是受某一故障出现的频率的支配,而是由其故障后果的严重程度所支配的。1978年,诺兰发表的RCM逻辑决断法将后果分为安全性、隐蔽性、使用性和非使用性四种。1990年,Moubray发表的RCM2中将环境性后果并列于安全性后果中。我国1992年的国家军用标准GJB1378《装备预防性维修大纲的制定要求与方法》从明显功能故障和隐蔽功能故障两方面,将严重故障后果分为安全性后果、任务性后果、经济性后果、隐蔽安全性后果、隐蔽任务性后果和隐蔽经济性后果6种,针对不同的故障后果,采取不同的对策。如果故障后果严重,则需竭尽全力防止发生;如果故障现象甚微,则不必采取任何措施,直到故障出现以后再来排除即可。

(5) 关于预防性维修的作用。传统的维修观念认为,预防性维修能提高设备固有的可靠性水平,能使设备保持做所期望做到的事情。而以可靠性为中心的维修理论认为,设备的固有可靠性是设计和制造时赋予设备本身的一种内在的固有属性。预防性维修工作能够防治设备固有可靠性水平的降低,但不可能把可靠性提高到固有可靠性水平之上,最高只能保持或达到固有可靠性水平,要想超出这个水平,只能重新设计。

(6)预防性维修工作的基本思路。旧维修观念认为,对可能出现的任何故障都要做预防性维修工作,维修工作做得越多,越能够预防故障。但实践证明,维修工作与所得效果并不成正比。而以可靠性为中心的维修理论则是按照故障的后果和做维修工作,即技术可行又有效果来确定预防性维修工作的:"技术可行"是指该类维修工作与设备或机件的固有可靠性特性是相适应的;"有效果"是指该类维修工作能够产生相应的效果。

以可靠性为中心的维修思想在以下方面取得了较大的效果。

(1)增大了安全和环境的完整性。在考虑故障对于使用的影响之前,先考虑每种故障模式的安全性和环境性影响。这意味着如果无法彻底排除这些故障的话,就要采取措施将所有可辨别的与设备相关的安全性与环境性危险降至最低水平。通过把安全性设法融入维修决策的主要过程中,也改善了人们对安全性的态度。

(2)提高了装备的使用性能(数量、质量和保障):确认所有维修都有其价值,并且为确定在各场合哪种维修最为合适提供了准则。通过这样做,使人们确保选择最有效的维修工作,而且在维修无法起到作用的情况下采取合适的措施。

(3)提高维修的效率:通过注重最有效的维修活动,保证在维修上所耗费的一切花费是在最有效的地方。如果正确地运用到现行的维修系统中,可将各阶段分派的日常维修工作降低40%～70%,另一方面,如果制定一个新的维修系统,其最终确定的工作负荷要比采用传统方法所制定的系统低得多。

(4)延长了贵重产品的使用寿命。这是因为注重了视情维修技术的应用。

(5)提高了修理人员的主观能动性。提高人们对在使用环境下装备的了解程度,同时也产生了维修问题及其答案的"所有权",也意味着对问题的解答更持久。

为了实现以可靠性为中心的维修,必须改变单一的定时维修方式,转而采用定时维修与视情维修相结合的方式;必须以原位检测取代离位检测作为主要的故障检测方法;必须建立完善的维修情报资料收集和分析系统,为维修决策提供重要信息和可靠依据。

3. 以可靠性为中心维修的发展动态

（1）应用范围逐渐扩大。RCM 最初应用于飞机及其航空设备，后应用于军用系统与设备，现已广泛用于其他各个行业，如核电企业、电力公司、汽车制造厂等，逐渐扩展到企业的生产设备与民用设施。

（2）更明确的 RCM 分析过程判据标准。进行 RCM 分析，首先应对设备的功能、功能故障、故障原因及影响等基本问题有清楚明确的定义。通过"故障模式及影响分析"（FMEA）对设备进行故障审核，列出其所有的功能及其故障模式和影响，并对故障后果进行分类评估，然后根据故障后果的严重程度，对每一故障模式做出"是采取预防性措施、还是不采取预防性措施待其发生故障后再进行修复的"决策。此外，还应明确如果采取预防性措施，应选择哪种办法。

（3）对安全与环境性后果更加重视。RCM 认为，故障后果的严重程度影响采取预防性维修工作的决策，即如果故障有严重后果，就应尽全力设法防止其发生。反之，除了日常的清洁和润滑外，可以不采取任何预防措施。RCM 过程把故障后果分成下列四类：隐蔽性故障后果，安全性和环境性后果，使用性后果，非使用性后果。

（4）预防性维修工作的分类更加科学。当前，RCM 理论把预防性维修工作定义为预防故障后果，而不仅仅是故障本身的一种维修工作，这样的定义使预防性维修的范畴大大扩展。这样就把预防性维修分为两大类：①主动性工作，为了防止产品达到故障状态，而在故障发生前所采取的工作，如传统的预计性维修、预防性维修、定期恢复、定期报废和视情维修等；②非主动性工作，当不可能选择有效的主动性工作时，选择非主动性对策处理故障后的状态，如故障检查、重新设计和故障后修理。

（5）对 RCM 逻辑决断图进行改进。重要功能产品的逻辑决断分析是系统的以可靠性为中心的维修分析的核心内容，它是应用逻辑决断图来确定各重要功能产品需做的预防性维修工作或其他处置。自 20 世纪 60 年代以来，先后出现的逻辑决断图已有 10 多种，现在主流的逻辑决断图相比于以前的逻辑决断图有几点改进：①增加了对环境问题的考虑；②使用技术可行性和有效果，代替传统的决断准则用语，适用性与有效性；③增加了各项具体工作的技术可行性和有效果的详细准则；④把故障检查看做是非主动性工作，排在各项主动性工作之后。

(6) 注重 RCM 实施过程的管理。尽管 RCM 的应用属于技术层面的问题,但它产生的结果对装备的使用以及维修制度产生直接的影响,没有决策部门的支持参与,RCM 的推广应用不可能取得理想的结果。当前在 RCM 的实施过程中比较注重加强管理,具体表现在:成立 RCM 指导小组,负责 RCM 分析的管理与协调工作及技术推广、人员培训工作,并对装(设)备 RCM 分析小组给予技术支持;组织 RCM 培训。

(7) 强调数学模型对 RCM 决策的支持作用。RCM 是一种复杂的系统工程方法,为保证成功地实施,不仅需要有一套科学的方法理论为指导,还需要方便有效的技术工具(模型)作基础。当前的 RCM 研究和应用非常注重数学模型的支持作用。

(二) 全系统全寿命的维修思想

全系统全寿命的维修思想的含义是:要把军事装备维修作为一个整体和军事装备维修系统的一个子系统,从军事装备维修发展和使用的纵(全寿命)横(全系统)两个方面来综合考虑。人们不仅对装备的运行成本,也对维修成本和管理成本产生了关注,引入了装备的寿命周期成本的概念,从管理的层面提出了大量的维修管理策略模型,对维修的经济性提出了较高的要求。

1. 全系统的要点

要将军事装备维修维修视为由维修对象、维修手段、维修体制、维修制度和标准等要素组成的系统,科学地分析系统内部各要素之间的关系和系统与外部其他系统之间的相互联系。要全面地考虑军事装备维修的维修性与战术技术性能、可靠性、测试性、安全性、保障性之间的联系,从而保证装备"先天"就具有良好的维修设计特性。要在装备研制的同时规划和筹措维修保障的有关要素(如维修人员、设施、设备、器材和技术资料与相关软件等),力求在装备列装的同时建立相应的保障系统。要在横向研究整个军事装备维修体系的构成及其维修保障需求的基础上,结合平战时装备维修的需要,统一规划和建立军事装备维修体制,制定维修制度和标准等。

2. 全寿命的要点

着眼于军事装备维修的全寿命过程,以降低军事装备维修的全寿命费用,提高其可靠性、可使用性为目的,在装备由论证到退役的各阶段分别进行相关的维修活动。

在装备论证阶段,要确定装备的可靠性和维修性要求,并为装备选择相应的维修保障方案。

在装备研制阶段,要制订一套能够用于生产维修保障分系统各个要素的技术数据和维修保障规划,通过研制提供经过选择的各项维修资源。

在装备生产阶段,要同步制造出维修所需要的各种保障资源。

在装备使用阶段,则要在装备列装部队的同时,建立、健全相应的维修保障系统,适时进行装备维修,最大限度地保持和恢复军事装备维修的固有可靠性和使用可靠性。同时,收集并分析装备可靠性、维修性以及维修保障的数据资料,向有关部门提供维修性改进设计的建议;必要时,还应对维修保障系统进行调整。

在装备退役阶段,则应适时调整、撤并相关维修保障的子系统。

在各国军方武器系统发展的过程中,由于研制部门通常只关注开发费用,没有从降低寿命周期总费用的角度出发开展装备研制,导致武器系统服役后的使用和维护费用居高不下,报废处理费用越来越高。此外,由于主战装备和保障装备的配套发展没有得到足够重视,导致装备服役后不能得到及时保障,影响了战斗力的形成。为解决这一问题,以美军为代表的发达国家军方在武器装备发展中,开始全面贯彻落实全寿命全系统思想,先后推出了"寿命周期费用"、"全拥有费用"等新的思想。寿命周期费用是指装备论证、研制、生产、使用、保障和退役处理费用的总和。据美军研究,在大型装备的寿命周期费用中,方案论证阶段的费用约占3%,研制阶段的费用约占12%,两者合计仅占15%,但这两个阶段的决策却对90%~95%的寿命周期费用具有决定的影响。因此,在装备立项论证阶段强调开展寿命周期费用分析,已经成为外军装备发展的普遍做法。寿命周期费用是装备发展和使用中直接涉及的费用,而全拥有费用还涉及到一些间接的费用。强调全拥有费用比强调寿命周期费用更有意义。如对于某一特定的武器系统,可能开发自己独有的保障设备,建设独有的保障基础设施,其寿命周期费用最低,而使用现有的保障设备和设施却费用较高,但对于全军而言,为其专门建造保障设备和设施不一定有利于对全部资源的最合理利用。

(三)主动维修思想

美国等西方发达国家在以可靠性为中心的维修(RCM)、视情维修(Condition Base Maintenance,CBM)等现代维修理论基础上提出了主动维修的思想(PaM),并已被广泛接受。主动维修(PaM)是针对可能引起装备产生故障的"故障源"而采取的维修和管理活动,是防止材料退化和并发性能退化的第一道防线,其主要目的是发现和纠正任何可能导致装备故障的操作或运行状况,并从根源上避免故障的发生。

由此可见,主动维修是独立于事后维修、预防维修、视情维修之外的以系统稳定性理论为基础、以故障源分析为主要途径、以监测诊断技术为支撑、以故障源消除为目的的全新的维修思想。所谓的主动是相对于被动而言的。维修从事后维修发展到预防维修,直至视情维修的过程,是维修主动性不断提高的过程。但是,预防性维修与视情维修是在系统或零部件发生故障(至少是发生初始故障,如系统或部件材料和性能发生退化)后,为应对这种故障而采取的被动维修活动,是在故障发生后(至多是在系统材料和性能严重退化之前)去发现它的。而主动维修,是在故障发生(至少是再次发生)之前通过对能够引发故障的根源性因素进行主动监测,消除不稳定因素,从而达到从根源上消除故障的目的,而不是故障发生后的被动监测。因此,主动维修与其他维修的区别不仅仅在于维修时间或时机的问题,更重要的是维修理念由被动向主动的根本性转变。

作为独立于事后维修、预防维修、视情维修之外的全新的维修理论,主动维修具有以下鲜明的特点。

(1)从针对的故障看。主动维修预防的是"条件性故障"。主动维修理论认为,非偶发性故障的发生、发展要经历一个过程,这个过程是和时间相关的。按故障发展过程,故障可以分为:条件性、初始性、临近性、突发性和灾难性故障:条件性故障是指故障的预警状态,这时没有引起材料或性能的退化,但如果这种状态继续存在,最终会导致功能性故障的发生;初始性故障指通过可行的探测手段,能够探测出材料退化的早期迹象,但用户凭感官还无法发现机器性能方面变化的状态;临近性故障,指由于显著的材料退化造成性能严重退化的状态。此时,有经验的用户凭感官可以发现这种退化。突发性故障,由于材料和性能加速退化造成功能部分损害的状态;灾难性故障状态下,设备会突然并完全停止操作,以及功能彻底受到损害。由此可见,主动维修对条件性故障进行修复,就可以截断故障发展的进程,更早地把故障消灭在萌芽状态。

(2)从监测诊断特征参数来看。特征参数的选择范围更加广泛。监测诊断是主动维修得以实施的最重要步骤和条件之一。设备或系统故障根源的复杂性,决定了其监测参数的多样性。因此,主动维修除了监测其他维修所需监测的参数以外,还需监测系统所处的外部环境、介质以及其他非分析产品,如液压油、润滑油或气体的物理、化学性质,渗漏,温度,气蚀,机件不对中等各种问题。

（3）从故障修复或纠正措施上看。主动维修要排除故障诱因,对故障诱因进行保养、更换、修复、改进、替换等。如更换液压油或润滑油脂、不兼容的材料,充氮,消除不对中,改进过滤网或冷却器件等;其他维修对发生功能故障或潜在故障的零部件、元器件或单元进行保养、更换、修复、改进、替换等。

（4）从适用范围和对象看。必要性、经济性、可行性要求是实施主动维修必须具备的三个条件。主动维修监测诊断特征参数种类繁多,数据处理复杂,要求必须具有先进的检测技术及数据处理技术,以便能准确地判定可能引起故障的诱因,并在装备的材料和性能退化之前及时采取措施进行维修,恢复和保持系统的稳定运行状态。因此,主动维修的实施是比其他维修方式都要复杂,实施主动维修首先要看故障影响、故障后果是否有必要。同时,要看是否有适用的、经济的、有效的"主动维修"措施,过早的"主动维修"措施有可能使零部件的寿命无法得到充分利用,所以它特别适用于可靠性要求比较高的关键设备或部件。

主动维修作为一种全新的维修理论,大大丰富了维修理论体系,拓展了传统的维修概念。主动维修思想在传统故障定义的基础上,提出了"条件故障"的概念,即将故障产生根源的存在也定义为一种故障状态。这种状态是传统故障的预警状态,这时没有引起材料或性能的退化,但如果这种状态继续存在,最终会导致功能性故障的发生。例如,一个包括轴承与润滑系统的机械系统,现在只考虑其滑油被灰尘污染的情况。在这里,灰尘污染作为其故障的根源性因素,当润滑油被灰尘污染时系统发生了条件故障。如果不进行处理,任其发展,润滑油的润滑效果就会下降,甚至润滑油中的污染物颗粒起到了磨料的作用,造成轴承的磨损,这时系统就发生了初始故障,再不进行维修,将影响到系统功能的实现,进而发生临近性故障、突发性故障直至灾难性故障。主动维修理论的提出,使维修从传统的恢复系统被破坏的性能或防止材料退化拓展到消除故障根源的范畴,维修手段与方法更加多样。现以某潜艇主机齿轮箱为例,说明这种维修方式的区别。如果维修人员等到齿轮箱发生故障不能工作才对它进行维修,则这种维修工作就属于事后(损毁)维修;如果根据齿轮箱的可靠性分析,它的故障是一种工龄相关故障,那么在其即将发生故障之前,定期对它实施拆修,更换零部件及滑油,这种维修工作就属于预防维修;如果采用监测手段对其工作状态进行监控,在其出现故障特征(初始故障,即材料和性能退化,但还不严重)时对它进行拆修,更换零部件及滑油,这种维修工作就属于视情性维修的范畴;如果经过分析,确定滑油的污染(污染稳定性的破坏)是齿轮箱频繁发生故障的原因(即故障源),对润滑油的污染度进行监测,在发现其污染度超过一定标准时,对淤油进行更换或改善过滤,从根源防止齿轮箱故障的发生,这种维修工作就属于主动维修的范畴。在这里,维修已经不再是传统意义上拆开、修理、换件和重装(Remcwe, Repair, Replace and Rebuild)的4R处理,而是真正的技术和管理活动的总和。因为主动维修实施亦即"修理"条件故障的过程,主要是在装备设计或管理中完成的,而不是在工厂中反复重复进行的修理工作,从而给维修的概念赋予了新的内容。

在美国海军中已被采用并称之为"具有生命力的以可靠性为中心的维修"。通过在大西洋舰队的航母上的实验证明,主动维修具有以下三个方面作用:①解决装备(设备)反复出现的故障;重新设计安排现有的维修活动;增加少量的、易于支配的、效率高的资金投入,便可大量减少装备(设备)总的维修费用。所谓PaM,就是针对可能引起设备产生故障的"故障源"(root cause of failure)而采取的维修和管理活动,其主要目的是发现和纠正可能导致设备故障的操作或运行状况。要求在设备的材料和性能发生损耗或降低之前就必须采取措施进行维修;要求操作管理者必须有更强有力的监测诊断技术为支持,以便及时发现并纠正可能导致严重故障的故障源。主动维修的有效实施能保证机械设备和系统最高的可靠性和最长的使用寿命从根本上避免故障的发生,大幅度地提高维修保障的及时性、有效性和经济性。机械设备的主动维修包括污染控制、泄漏控制、流体的化学稳定性、流体的物理稳定性、穴蚀控制、热稳定性、磨损控制及力学稳定性等许多方面。在主动维修思想指导下,管理就是维修,维修也是一种管理活动。主动维修的前提是,要及时全面地掌握设备的技术状况,因此对监测诊断技术的应用也提出了更高的要求,即必须从新的角度、更高的层次上理解、认识和实施监测诊断技术。

第四节 军事装备维修思想新的发展趋势

20世纪末至今,随着信息化装备的快速发展,开始了以信息技术为基础,以装备状态检测和故障诊断为技术手段的预知性维修,应用各种先进的检测技术和计算机分析处理方法,使人们能够及时准确地了解设备的实际运行状况,从较盲目的预防性维修到根据设备运行状态检测结果进行有针对性的维修。此维修方式反映出先进的科学技术,特别是信息技术。对于装备维修领域产生着巨大的推动和促进作用。为了进一步在保证装备的可靠性、安全性的同时,提高部队的维修能力,装备维修思想有了新的发展趋势。以预计性维修与健康管理理论、战损评估与修复理论、信息化维修理论(待发展)等为指导,提出了快速感知与相应维修需求,实施信息化维修,缩短维修时间、提高维修效率、节约资源、保护环境、提高效能等新的维修观念。在此基础上,运用远程维修、预先维修、智能维修、精益维修、绿色维修、战损评估与修复、军民一体化维修等多种新型维修方式,大量采用了远程诊断技术、自修复技术、再制造技术、应急修复技术、虚拟现实技术、绿色维修技术等高新技术,促进了装备维修的快速发展。

一、军事装备维修思想的新发展

军事装备维修,是一个伴随着科学技术进步和战争形态演变发展的事物,也是一个不断创新的事物。军事装备维修思想必须始终站在发展前沿,才能反映和指导军事装备维修的发展创新。事实证明,没有军事装备维修思想的先行发展和先行创新,就不会有军事装备维修的发展和创新。当前,高技术的进步核心军事变革的兴起,促使着军事装备维修必须改变现状,谋求重大突破。军事装备维修思想也随之变得异常活跃起来,不断迸发着大量创新的火花。新世纪之初,军事装备维修思想的新发展主要有以下方面。

1. 理论创新为先导

理论是行动的指南。陈旧的理论不可能知道现实和未来行动产生出理想的结果。现有的军事装备维修理论,有的已经难以指现实和未来的军事装备维修建设和运用。解决的思路只能是通过理论创新、用创新的理论,指导现实和未来的军事装备维修建设及运用。近些年,不少国家、地区的军队已经认识到这一点,将军事装备维修理论创新,摆在军事装备维修建设的首要位置。注重对创新的理论,结合实战、实兵演练、模拟推演等进行验证、修改和完善。然后用新理论指导军事装备维修的建设和运用。高度重视理论创新,并以新理论作为指导,已经成为当今军事装备维修思想的新亮点。

当前,奠定和强化军事装备维修系统思想,是理论创新的重点之一。军事装备维修发展到今天,已经形成为一个庞大的系统。不运用系统的观点去认识它,不运用系统的方法去运作它,都会在理解和操作上产生偏差。缺乏系统的观点,往往会产生事物结构性的认识误区,产生事物阶段性的认识误区,产生事物内部关系的认识误区,进而产生事物全局性的认识误区。这些误区一旦形成,将对军事装备维修产生严重的负面指导和影响,使得军事装备维修的系统性遭到破坏,引发许多违背系统性原则的问题,制约军事装备维修的建设和整体效能的提高。

并行(同步)思想,是军事装备维修思想创新的又一重点。现代军事装备维修行为属于并行行为。也就是多头并进,相互照应,同步运行的过程。抓一头,管一段,走一线,不顾其他的认识和运作是不符合并行思想的。例如,现代军事装备维修建设,应当按照科学发展观的总体要求,从思想指导、维修理论、维修队伍、维修模式、维修手段、维修技术、维修指挥、维修管理等多头着手,相互照应,并行运作。只有这样,军事装备维修建设才能不断深化,全面推进,协调发展,整体提高。例如,维修手段的建设,存在着维修技术的整合和创新,维修手段的研制和引进、维修手段的配套和完善、维修手段的运用和管理等都需要并行的运作。串联的思维方式是人们熟悉的思维方式,但串联的思维方式已经不完全适应解决今天遇到的大量复杂事物的运作。从串联思维到并联思维,是思维方式的一大推进。

科学维修思想的确立,对信息化条件下的军事装备维修具有极大意义。一是科学维修思想是适应信息化条件下局部战争特点的。未来信息化战争具有维修空间大、维修对象多、维修时效强、维修要求高等特点。不适应这些特点的维修思想是不对路的思想,是行不通的思想。二是科学维修思想是符合信息化条件下军事装备的主动、靠前、纵深、灵活、重点、精确、快速、简易、节约、持续、生存等维修原则的。

科学的维修思想,是将军事装备维修建立在科学的预测军事装备维修需求,科学地拟制军事装备维修方案,科学地组织军事装备维修力量,科学地调整充实军事装备维修储备,科学地实施军事装备维修等基础上的。例如,科学的预测军事装备维修需求,首先需要预计各种军事装备及其配套器材的需要量。由各级军事装备维修部门综合分析作战任务、样式、规模、持续时间、参战装备数量、使用强度、敌方装备的打击破坏威力和己方的防护条件,作战地区的自然条件等因素,参照以往作战装备战损的经验数据及出现故障的一般规律,与基础各类军事装备的损坏量。其次,需要预计各类军事装备的损坏程度。在各类军事装备的战损量中要分析轻度、重度损坏及报废的比例,着重预计重度损坏和报废的数量。再之,需要预计军事装备抢救抢修任务量。根据各级维修机构的任务区分,计算相应的抢救抢修任务量。

43

科学预计军事装备维修需求,采取经验推算法、任务计算法和模拟计算等方法,预计结果更接近实际:经验推算法,即参照以往类似作战的经验数据以及平时演习、实验等数据,结合军事装备及弹药、器材的损坏消耗趋势和本次作战的实际情况进行修正,与基础可能的损害量;任务预计法,即按照部队负担的具体任务,根据作战编成、作战样式、各种装备和器材的战术技术性能及使用强度,结合有关损坏标准等,计算出各种装备和器材的消耗量;模拟计算法,即根据敌对双方在作战过程中可能的作战行动和对抗程度,用电子计算机模拟战场情况和主要消耗过程,计算出作战过程各阶段的装备和器材的损坏量。由于现代技术特别是信息化条件下高技术局部战争,军事装备和器材的损坏量一般要大于以往战争,影响损坏的因素复杂多变,以往战争的经验数据参考价值明显降低,维修需求预计的难度增大。因此,军事装备维修需求预计,应正确选择预计方法,并结合其他预计方法进行综合验证,尽可能提高预计的准确性。

目前,外军大力倡导军事装备损伤评估与抢修及战斗力恢复的系统研究,主要从以下三方面着手:①"战场损伤评估"模拟研究。②"战场损伤评估"综合性研究。包括涉及整个战争、战役的全方位的"战场损伤评估"综合模型与模拟,"战场损伤评估"与可靠性、维修性以及整个军事装备维修之间的协调与综合等研究。③"战场损伤评估"信息系统研究。为"战场损伤评估"提供强有力的支持。"战场损伤评估"信息系统的开发完善,需要进一步收集有关军事装备的战场损伤数据或运用实验方法获得损伤数据。"战场损伤评估"信息系统将为预计作战指挥、战损修复提供必要的信息和技术支持。这些研究曾在海湾战争中获得过重大的军事效益。

综合维修思想既是军队质量建设对军事装备维修的基本要求,更是未来信息化战争对军事装备维修的基本要求。未来信息化战争实施的是以联合作战为基本样式的多种作战样式,使用的是多军兵种种类繁多的军事装备。军事装备维修应当对联合作战以及各种作战样式,即对作战的各个阶段、各种军事装备、作战出现的各种情况能够实施有效的维修。牢固确立综合维修的思想,已经成为军事装备维修思想的核心内容。

2. 模式创新为重点

现代军事高新技术装备大量综合应用微电子、人工智能、信息工程和新材料、新能源等当代最新的科学技术,引起了军队体制编制、作战方法的改变,进而引发作战样式、战争形态的变化。面对这种深刻的根本性变化,军事装备维修业在产生着根本性变化。如何适应信息化条件下局部战争的特点,如何适应高技术装备维修的需求,如何适应现代化战争联合作战的要求,已经成了军事装备维修必须创新的原动力。

军事装备维修创新,其中维修模式创新是重点。因为,维修模式是军事装备维修的基本形式和方式方法,只有维修模式实现了创新,军事装备维修才能发生质的变化。以往,军事装备维修模式的核心是自我维修,属于分散独立、功能单一、封闭式、小而全的维修模式。这种维修模式已经很难满足未来信息化战争的要求。代之而起的是综合化、区域化、一体化的全系统、全方位的维修模式。围绕维修模式的创新,需要进行一系列配套性的创新。只有抓好维修模式创新这个重点,才能带动军事装备维修的整体创新。

3. 科技创新为基础

科学技术进步对军事装备维修的重大影响,以及军事装备维修对科学技术的高度依赖,已经成为现代军事装备维修思想产生的重要基础,事实表明,谁重视科学技术,重视科学技术成果的转化,谁就有可能获取更大的军事装备维修效能和国防经济总体效益。

军事装备维修的科技创新,既是提高军事装备维修技术含量的关键,又是提高军事装备维修综合效能的基础;既是军事装备维修向前发展的不竭动力,又是军事装备维修现代化的重要标志。加强军事装备维修科技创新,应当以信息化技术为主导,以机械化技术为基础,关键在技术综合创新和保障手段创新上取得突破:①要有明确的科技创新方向;②提高科技创新的起点;③强调科技成果应用。只有军事装备维修科技创新上取得突破,军事装备维修的总体能力和水平才能跃升。

4. 机制创新为保证

不断提高军事装备维修管理效益,属于军事装备维修思想的基本想法之一。但是,不断提高军事装备维修管理效益,需要一些必要条件的保证。条件不具备时,效益很难得到提高。以往,军事装备维修管理效益不够理想的重要原因是缺乏完善的机制。当缺乏竞争机制、评价机制、监督机制和激励机制时,管理就不会产生应有的效益。

当今,军事装备维修管理的内外环境发生了很大的变化,军事装备维修管理的要素及其相互关系也发生了很大的变化,军事装备维修管理的运行也发生了很大变化。这些都迫切要求机制实现创新。运用新的完善的、机制,以确保军事装备维修管理获取更高的效益。

二、新时期的装备维修思想

（一）绿色维修思想

21世纪全球经济高速发展,同时,也由于对自然资源的任意开发和对环境的无偿使用造成了全球的生态破坏、资源浪费和短缺、环境污染等重大问题。为了保护地球环境,1992年联合国环境与发展大会将环境与发展问题结合起来,将可持续发展,即低消耗、低污染、适度消费的模式,作为全人类生存和发展的新模式,并赋予这种模式一个形象的名字"绿色"。装备作为产品,对其维修实质上是一种再投资、再生产。此外,装备以及更广泛意义上的产品或资产维修又是资源的一种再利用,通过维修延长使用寿命,减少废弃物和污染物,将减少对环境的危害。所以,"变坏为好,变废为宝"是维修的本意。然而,传统的维修方式是粗放式的,仅仅是"为维修而维修"。只要是能达到"能使装备保持、恢复到或改善其规定技术状态"的目的,而不管维修时所采用的手段是否具有破坏性,所采用的材料是否环保,维修过程是否对环境、人员有害,以及产生的废料、废渣是否得到适当的处理等。因此,粗放式的传统维修是资源浪费型的,污染型的,以及非人性化的。因为维修过程中也存在着节约资源和减少污染问题,即如何使维修工作的各个环节贯彻节能环保、注重人员健康的问题,所以绿色维修概念就应运而生。绿色维修是从节省资源、预防减少污染、人员健康的角度出发,采用相应的材料、技术、方法,以达到环保式的维修。绿色维修是集约式的,是更合理、更环保、更人性化的维修思想。它的特点是：

（1）节省能源、资源,降低维修费用,缩短维修时间；

（2）尽量采用环保的能源、材料、技术和方法；

（3）维修过程不产生或很少产生污染、废弃物,维修造成的破坏少；

（4）重视维修人员的安全健康问题。绿色维修思想的形成和发展与其他装备维修思想或概念是相辅相成的,它的作用是给现有维修理论、概念赋予绿色的内涵,使其更注重环保,促进武器装备的可持续发展。

其目标是:①以最少的资源消耗,保持、恢复、延长、改善设备的功能；②避免产生废物和污染环境；③符合社会和公众利益及政府法规。

绿色维修思想主要含义包括在以下几方面：

（1）装备的合理正确维修就是保护环境,是社会持续发展的需要,应当把环境意识贯穿于整个维修工作中；

（2）建立和实施故障的环境准则，把对环境的损害作为装备故障的主要判据，危害环境的故障是通过维修要预防和排除的重要对象（在新 RCM 中，已将环境危害作为安全性后果）；

（3）通过各种技术和方法（如寿命周期评估 LCA）鉴别、分析并采取措施消除维修过程对环境可能的损害；

（4）把对环境影响作为维修质量及其验收的准则；

（5）实现绿色维修首先在于产品设计，绿色设计必须包含绿色维修设计特性；

（6）产品维修性必须将减少维修对环境影响作为主要目标，即"绿色维修性"的概念。

贯彻绿色维修思想具体来说主要立足于以下六点：

（1）绿色维修基础理论及技术基础。包括绿色维修涉及到的基础理论以及考虑环境影响时维修理论中部分概念的拓展；绿色维修有关的管理和技术法规；涉及环境和资源消耗等方面的检测监测技术手段等。它们是研究绿色维修的理论或技术基础。

（2）绿色维修与维修性设计。产品使用中的维修能否达到"绿色"的要求，归根结底取决于设计，包括绿色维修方案设计、维修性设计、维修工艺设计等。要在一般维修和维修性设计的基础上，突出考虑环境因素的影响，针对节能、节材、无污染提出和确定指标要求，研究如何形成满足这些要求的维修方案、维修性设计的设计方法。确切地说，绿色维修设计还应当包括维修工艺过程的设计。工艺设计是在研究和选择维修作业技术基础上进行的。

（3）绿色维修分析。实现绿色维修和维修性设计方案，确定维修策略并规划维修资源，需要进行多方面的分析工作。要在一般维修分析的基础上，形成绿色维修分析技术、综合权衡技术。

（4）绿色维修与维修性评价。产品是否达到或可能达到绿色维修要求需要评价，包括绿色维修活动评价以及绿色维修性评价。需要建立相应的评价指标和具体的评价方法。

（5）绿色维修作业技术。绿色维修（作业）技术主要是为降低或消除装备使用阶段进行维修活动所产生的环境影响所应用的各类维修方法和技术手段。包括绿色维修材料、表面工程技术、机加工技术、零件清洗技术、热处理技术以及其他先进维修技术等。

(6) 绿色维修支撑技术。绿色维修支撑技术指采用信息技术,设计和开发的各类维修辅助系统和工具,以提高维修的效率、降低维修的能耗和物耗,包括绿色维修信息管理系统、绿色维修材料选择系统、绿色维修工艺规划系统等。

在绿色维修中,通过先进的维修技术措施,发展 3Re 工程,即 Reproduction(再制造)、Recycle(再生)、Reuse(再利用),可以使磨损设备重新修复如新,老旧设备得到更新改造,报废设备得以起死回生,如绿色再制造工程为适应可持续发展、节约资源、保护环境的需要,逐渐形成新兴的研究领域和新兴产业。在绿色再制造工程中,采用新技术、新工艺、新材料等技术措施对许多废旧装备进行维修,可以取得较好的经济效益和社会效益,如采用表面工程技术进行维修,不仅可以有效修复表面磨损状况,恢复性能、修旧如新;而且可以改进其技术性能,提高其耐高温、耐磨损、耐腐蚀、抗疲劳、防辐射的能力,延长其使用寿命,节省材料、能源和费用。

(二) 再制造工程的维修思想

随着 21 世纪的到来,以优质、高效、节能、节材为目标的先进制造技术得到了飞速发展,对环境保护和资源可重复利用有了深入认识,以设备产品零部件维修和再制造为主的研究越来越多特别,是符合可持续发展战略要求的再制造研究得到了格外重视。再制造工程的维修思想就是在此基础上产生和发展起来的。

装备再制造工程,指以装备全寿命周期理论为指导,以废旧装备性能实现跨越式提升为目标,以优质、高效、节能、节材、环保为准则,以先进技术和产业化生产为手段,进行修复、改造废旧装备的一系列技术措施或工程活动的总称。简言之,装备再制造工程是废旧装备高技术修复、改造的产业化。其维修思想的基本要旨是:当一个产品发生故障后,通过合理有效的维修过程,一方面要把产品恢复到正常工作状态;另一方面通过对设备零部件的改造、改装、革新、发明等措施在实施维修的过程中形成一种"再制造"的效果获得设备或产品的新性能、新发展。再制造工程的维修思想,更加强调实施维修过程中的创新能力,对使用、维修和操作人员的素质提出了更高的要求。再制造工程的重要特征是再制造后的装备质量和性能达到或超过新品,而成本只是新品的 50%,同时节能 60%,节材 70%,对环境的不良影响显著降低。

装备再制造是先进制造的组成部分,也属于绿色制造;同时,装备再制造也是装备维修的组成部分,是维修发展的高级阶段。1989 年 6 月,美国国会两院通过了一项不经总统签署即可获得执行的共同决议,要求国防部将更多的重点放在对现役军用武器装备的再制造上,并将再制造作为一个过渡手段,以在财政预算有限、新装备配备时间延迟,以及新装备费用高昂的情况下维持装备的战备完好率,特别是用来延长现有武器装备的服役寿命。隶属于美国国家科学研究委员会的"2010年及其以后国防制造工业委员会"制定了2010年国防工业制造技术的框架,提出达到未来所需制造能力的战略,并将武器系统的性能升级、延寿技术和再制造技术列为目前和将来国防制造重要的研究领域。美国波士顿大学的防御武器研究部门,专门研究包括航天飞机在内的各类武器装备再制造产品的经济性数据。

美军B-52战略轰炸机于1948年设计,1962年生产,经过1980年、1990年两次再制造技术改造,到1997年时平均自然寿命还有13000飞行小时,可服役到2030年。美军自2000年起,在5年内完成了269架"阿帕奇"直升机的再制造,今后10年继续完成750架的再制造。再制造后,该直升机成为美国现役武装直升机中战斗力最强、性能最先进的一种机型。

2000年,美国陆军启动了坦克装备综合管理计划,主要目的是通过再制造将M1A1系列坦克恢复成新品状态,该计划是在军方资金不足的情况下,为维持大约7000辆"艾布拉姆"系列坦克的运转而采用的一个替代方案。美军M1A2坦克是M1系列的再制造改进型。1985年8月,美国陆军将368辆M1坦克再制造升级成M1A2型,1996年~2000年的5年间,又有580辆M1坦克被再制造成M1A2型。

当前,再制造开始融入表面工程。通过一系列先进表面工程技术的创新应用,使废旧发动机的旧件利用率由72%提升到90%,而且耐磨损、耐腐蚀等性能得到大幅度提升。我国最大的发动机再制造公司(济南复强动力有限公司),以装备再制造技术国防科技重点实验室为智力和技术支撑,通过利用先进表面工程技术,如高速电弧喷涂技术、微纳米电刷镀技术、纳米自修复添加剂技术等,革新了发动机的再制造技术,其成本只有新品的1/2,质量却超过了新品,被总装备部通保部列为军用发动机再制造的试点厂家。装备再制造技术国防科技重点实验室对20世纪六七十年代装备我军修理部(分)队的老旧机床进行了再制造,首先,利用各种表面工程技术对机床的磨损部位进行修复;其次,对机床进行数控化改造。再制造机床的成本只有新品的1/3~1/6,性能得到极大提升。已完成再制造机床100余台,显著提高了部(分)队的维修加工水平和加工能力。

（三）全寿命周期系统管理

美军在装备发展中高度重视落实全寿命维修思想，近年来不断完善"全寿命周期系统管理"理论，强调在装备研制初期即考虑后续个阶段的使用和维修需求及其产生的费用，并建立一体化的项目组，对装备的整个寿命周期进行全面管理。按美国国防部的定义，"全寿命周期系统"是由制定的项目经理对国防部武器系统寿命周期内的研制、开发、生产、部署、维修和报废处理有关的所有活动进行组织实施、管理和监督。为了贯彻落实该思想，美国国防部和各军种已经展开了大量的工作。

为了制定健全的顶层政策和指南文件，为国防部实施"全寿命周期系统管理"创造良好的环境，美国国防部对国防部装备发展政策进行了调整，将"全寿命周期系统管理"思想正式纳入到修改后的5000.1和5000.2采办条例中，修改后的5000系列采办条例规定了项目经理在"全寿命周期系统管理"方面的责任。此外，美国国防部在2003年2月出版了修改后的《产品保障指南》，并对"全寿命周期系统管理"的实施作出了具体的规定。

为了真正落实"全寿命周期系统管理"，美国国防部对当前装备维修领域的部分业务程序进行了调整。

（1）调整了美军的需求确定和批准程序，调整的重点是参谋长联席会议和各军种在全球确定阶段的工作程序。2002年，基本完成了各种军种与需求确定有关的条例和指南的修改工作。

（2）在法规标准中正式规定了"基于性能的协议"的定义和应用范围。2002年11月将"基于性能的协议"的内容添加到修改的5000系列文件中，2003年2月编写了国防部"基于性能的协议"指令。

（3）创建了新的财务管理程序。美国国防部在2002年6月完成了新财务管理程序的界定，2003年6月修改了"业务案例分析指南"中与财务管理有关的内容，2003年10月确定了需要对"财务管理条例"进行的变更。

（四）以网络为中心的维修

在信息化战争时代，作战主要是双方信息和信息化武器的对抗，整个战争机器的运转主要依赖于信息。因此，信息化战争中的装备维修保障活动也必须紧紧围绕信息来展开。在网络技术的推动下，各种装备维修保障信息已经基本实现共享，推动着装备维修保障向网络化方向发展。为了更好的保障21世纪的主战装备，有效地支持未来的信息化战争，美国海军在进入21世纪之后，率先提出

第三章 军事装备维修思想

了"以网络为中心的维修"思想,并计划首先在潜艇上付诸实施。预计2010年以前,"以网络为中心的维修"将成为美军各军种的装备维修保障指导思想。其实质是:最大程度地利用互联网和军用通信网络,使装备维修保障机构和人员能够通过安全的网络化设施解决装备遇到的维修保障问题,达到降低维修费用,提高装备维修效率的效果。"以网络为中心的维修"与目前正在发展的远程支援维修有一定的关系但又不完全相同。远程支援维修是提供远程直接维修保障。尤其重要的是,它紧紧围绕"网络中心战"这种新的作战思想,还包含着在更高层次上对装备维修保障工作的整体筹划。

"以网络为中心的维修保障系统"具有以下五种能力。

(1) 远程诊断。从远方的地点向装备上的"故障诊断子系统"发出指令,使其运行系统/子系统级的诊断程序,以便对装备出现的故障进行评估。通过远程诊断可以获得有关舰艇故障的大量信息,专家可根据这些信息提供切实可行的解决方案。

(2) 预防性维修的远程设备。从远方对装备上出现故障的子系统开展维修保障前的准备工作(主要是检查),以方便预防性维修过程的实施。

(3) 远程测试和鉴定。使用现代化的信息技术,从远方对装备的子系统进行测试和鉴定。

(4) 远程下载软件并提取装备在使用过程中积累的数据,通过网络向装备提供软件更新服务,以支持装备上的设备改装和改进工作。

(5) 远程维护装备的配置数据库。实施"以网络为中心的维修"后,对于装备上的硬件,可以由装备上安装的摄像机拍摄所有的系统和设备的数字图像,利用软件可以确定这些数字图像的实际尺度。这些信息通过网络直接传输到维修保障中心的装备数据库中。

对于装备上的软件配置,可以通过网络下载统一版的软件,可有效避免不同装备使用多种版本软件的现象。实施以网络为中心的维修保障后,将带来以下潜在的利益。

(1) 节省维修保障费用。在"以网络为中心的维修"系统投入应用后,可大大减少对现场装备进行一般性检查和修理任务量,因此可显著简化检查流程,减少相关的费用。未来的检查过程为:用摄像机对需要检查的区域进行拍摄,然后将视频剪辑发送给相应机构,利用软件确定这些区域的尺度。装备的采办项目经理还能够根据这些视频图像更好地关注尚未落实的变更情况,有效地消除不必要的设计修改,从而减少与设计变更有关费用。

(2) 有利于培训和指导。"以网络为中心的维修"的思想非常有利于对装备维修人员进行有效的在岗训练。只经过最低程度培训的人员能够很方便地将自己负责维护的系统与未来的"以网络为中心的维修"系统连接起来,获得指导。"以网络为中心的维修"系统还允许维修人员直接访问原始设备制造商,以解决重大的维修保障问题,增强发现和修复保障的能力。

可缩短故障处理时间。按照美军当前的装备维修作业体制,只有在装备出现技术问题,并且装备维修保障中心接到申请后才能派出相关的技术人员到现场解决问题,申请过程和人员的形成消耗了大量的时间。"以网络为中心的维修"系统能够提前发现将要出现的故障,及早准备足够的修理资源,及时派出训练有素的装备维修人员。这些都能节约大量的时间。其次,有装备维修保障中心的专家对现场的装备维修保障人员提供指导,能够避免大量的人为差错,节省因这些错误所导致的返工时间。由于专家的指导是实时提供的,而且同一个专家能够同时为处于不同地点的其他装备提供维修指导,因此使整个作战编队的维修工作总时间显著缩短。随着"以网络为中心的维修"系统的性能不断完善,计划性维修工作周期将越来越短,逐渐被实施的装备维修方式所取代。

简化装备维修文件。实现"以网络为中心的维修"后,将能够根据实际情况,及时更新"交互式电子技术手册"的内容,清除其中很少使用或者已经不再使用的内容。

(五) 基于状态的维修

传统的预防性定期维修在应用中存在着缺陷。20世纪70年代以来,由于测试技术、仪器、信号分析和计算机技术的进步,以及设备的状态监控技术、故障诊断技术和维修分析决策技术的迅猛发展,出现了以设备状态监测与故障诊断技术为基础的基于状态的维修(Condition Based Maintenance,CBM),并显示出巨大的优越性。20世纪90年代,各国非常重视维修的经济可承受性,并使之成为武器系统研制和保障的重要指标之一。为此,美军近年来提出并不断发展了"基于状态的维修"思想。

基于状态的维修是一种先进的维修思想,它通过对设备状态进行在线或离线监测,诊断设备的故障机理并准确预测设备的剩余寿命,进而判断设备的维修需求。能更精确地对设备进行维修管理,它在制定维修策略时考虑了系统运行的状态及设备间由于制造过程、使用保障过程等原因造成的差异,尽可能在其发生故障前进行维修。由于其能够掌握装备(设备)的现行技术状态,运用数据分析与决策技术预测装备(设备)的寿命,并实施"精确"维修,所以能够有效地减少停机时间,节约维修费用,延长设备的使用寿命,提高设备的完好率和可用度。

实施"基于状态的维修"的前提条件是确定设备的当前状态。目前美军装备维修保障机构主要通过以下三种基本途径来确定设备的状态:一是通过潜入设备内部的传感器和计算机;二是通过与设备的接口相匹配的便携式传感设备来"读取"嵌入式传感器的信息;三是利用人工的测量仪器和仪表。

近年来,美军进一步推出了"增强的基于状态的维修"概念。"增强的基于状态的维修"是指综合利用先进的机械化、信息化技术提高装备维修保障效能。"增强的基于状态的维修"能够促进业务过程的一体化和调整,可极大地提高保障系统的反应能力。最终目的是在装备全寿命周期中以较低的价格提高其作战可用性和战备水平。目前,美军正在对相关的指南、项目、技术和过程进行评估,以便将"增强的基于状态的维修"纳入到需求和采办的审查/批准过程中。

总之,现代维修思想是人们对装备维修活动的认识不断深化的结果。它把现代科学理论,如系统工程、管理科学、概率论与数理统计理论等,与人们对维修活动已有的认识和总结融为一体,充分考虑军事装备维修的可靠性、维修性和经济性,注重用科学统计的方法来认识维修规律,强调维修的针对性、灵活性、效率和效益,因而可以更科学地反映维修的客观规律,指导维修实践。现代维修思想是对传统维修思想的继承和发展。它的产生和应用是军事装备维修由经验维修向科学维修转变的重要标志。

第五节 我军装备维修思想

我军装备维修思想,是我军装备思想的重要组成部分,也是我军军事思想的重要组成部分。我军装备维修思想,产生于我军数十年军事斗争的实践,伴随着科学技术的进步、战争的演变和军事装备的发展而不断发展,正确指导我军装备维修建设和运用。我军的装备维修思想,是我军军事思想库的宝贵财富。我党的四代领导核心非常重视我军装备维修,并多次作过重要指示,提出过许多重要思想。这些精辟的思想是我军装备维修思想的精华。我军的装备维修思想,大体经历了三个发展阶段,包括四个方面的内容。

三个发展阶段是:第一阶段,从我军建立至中华人民共和国成立。这个阶段的核心思想是以缴获对方,为我所用为主,立足自我维修。以此为指导,最终赢得了抗日战争和解放战争的胜利;第二阶段,从中华人民共和国成立至总装备部成立。这个阶段的核心思想是适应我军现代化需要,逐步建设一支具有现代化水平的军事装备维修力量,保障打赢各种反侵略战争。以此为指导,我军先后赢得了朝鲜战争、对印自卫反击战、对越自卫还击作战等胜利;第三阶段,我军总装备部成立之后。这个阶段的核心思想是适应新阶段、新任务和高新技术的发展,跟上世界新军事变革的步伐,建设一支综合化、区域化、一体化的全系统、全方位的军事装备维修力量,有力保障打赢未来信息化条件下的局部战争。

四个方面内容是:

(1) 科学评价和准确定位军事装备维修的地位作用。我军成立70多年来,经历过多次战争的洗礼,积累了丰富的战争经验。其中,对军事装备维修的地位作用有着发展的认识和辩证的认识。在不同的战争中有着不同的评价和定位。在海湾战争后,我军在深入研究高技术局部战争过程中,充分认识到装备维修在现代化战争中的极端重要性,并根据现代战争的特点要求,组建了总装备部和各级装备机关,进一步实现了对全军装备维修工作的集中统管。

(2) 从适合我国国情和军情出发,加强我军装备技术保障建设。我军的装备技术保障建设不能脱离国情军情,提出不切实际的目标和口号。必须立足现有基础,全面规划,重点建设,同步进行,先进实用,具有我军特色,符合未来信息化战争需要。

(3) 坚持继承与创新,不断改革我军装备维修管理,提高综合效益。我军装备维修管理在几十年时间里,随着装备的发展积累了丰富的经验。目前,我军装备发展进入一个关键阶段,面对的是未来可能发生的信息化条件下的局部战争,这就要求我军在军事装备维修管理思想上实现更多的创新,提出新概念,研究新理论,发展新手段,采用新方法,提高我局装备维修管理效益。

(4) 依靠科技进步,科学筹划和运用装备维修,积极适应未来信息化战争。坚持将装备维修建设和运用建立在科学技术进步的基础上,并以此作为提升装备维修能力的主要增长点。应针对可能的对手、战争特点、战场环境和装备发展的实际,研究和采用高效的装备维修模式,组建综合、机动、高效的一体化装备维修力量,实施战时三军联合装备维修。

第四章 军事装备维修的分类、方式与方法

了解军事装备维修的分类和军事装备维修各种方式、方法的特点及适用范围,对开展装备维修理论研究,正确选择装备的维修方式和方法具有重要意义。

第一节 军事装备维修的分类

军事装备维修分类就是根据军事装备维修的性质、特点等所进行的区分和归类。科学地界定和区分军事装备维修的类别,是研究和组织军事装备维修的必要基础。从不同的角度出发,军事装备维修有不同的特点,可以有不同的分类方法。通常,可以按照维修的性质、维修的目的、维修的级别、维修的时机等不同标准进行分类。

一、军事装备维护、军事装备修理

从字面含义看,维修就是维护和修理的简称。按军事装备维修的性质区分,可分为军事装备维护和军事装备修理。

（一）军事装备维护

军事装备维护也称军事装备保养或军事装备维护保养,是为使装备保持规定技术状态所进行的预防性技术活动。主要包括清洁、润滑、更换油液、充电、充气、通电、检查、紧固、调整、除锈和防护处理,以及排除一般性故障,更换简单零、部件等。

军事装备维护是保持装备完好的关键环节,是部队装备技术保障的基础性、经常性工作。涉及全体指战员,各级指挥员及指挥机关应当重视、指导和督促部队装备维护工作。通常,应由使用分队组织实施,装备操作、使用、保管人员和装备维修保障机构,应当按照规定正确实施装备维护。难度较大的维护可由修理分队协助完成。战时突击性维护,由装备维修部门统一组织力量实施。

军事装备维护性质属于装备的预防性修理。目的是减少装备过早磨损或损坏,消除故障隐患。其主要内容因平时、战时的不同条件和需求而有较大差异。

1. 平时军事装备维护

平时军事装备维护是指在和平时期,为保持军事装备性能完好所采取的预防性技术措施。平时军事装备维护应按照各种装备的维护区分及相应的维护时间、内容和要求等,有规律地组织实施。各种装备维护的种类、周期和作业内容都各不相同。通常,按装备所处状态,可分为试运转维护、使用中维护、特殊环境下维护、换季维护和储存时维护等。

1)使用中维护

使用中维护一般分为日常维护、等级(定时、定程)维护、不定期维护和换季维护。

(1)日常维护日常维护。日常维护是在装备使用前、后及使用间隙进行的例行维护。

(2)等级维护。也称定时维护或定程维护,是指按规定周期对装备所进行的维护。按使用时间周期区分,通常有日维护、周维护、月维护、季度维护、年度维护。按维护的深广程度、工作时间或行驶里程等区分维修等级,通常有一级维护、二级维护、三级维护等。

(3)特殊环境下维护。特殊环境下维护是根据任务需要、装备使用情况所进行的维护。

(4)换季维护。换季维护是在季节变换前进行的维护。

2)储存时维护

储存时维护(也称保管、封存维护)是军事装备在存放、封存、保管中进行的维护。各种装备的维护种类、周期和作业内容在其维护制度中均有具体规定。

2. 战时军事装备维护

战时军事装备维护,指在战争时期,为保持军事装备性能完好所采取的预防性技术措施。战时军事装备维护必须将平时严格的维护制度和规程与战时的具体环境条件和要求相结合,灵活地组织实施。应当根据作战进程,选择适当的时机和地点,将日常维护、定时维护、定程维护、特殊环境下的维护等结合起来,根据遂行的任务、装备的技术状况和能够用于维护的时间等情况,维护的范围和等级,并利用战前和作战间隙分期分批进行。

（二）军事装备修理

军事装备修理就是使丧失了功能或部分功能的军事装备恢复其原有的功能,使损坏了的军事装备恢复到规定技术状态所进行的全部活动。

根据装备修理的性质、范围和难易程度区分,军事装备的修理种类,通常可分为小修、中修、大修。

1. 小修

军事装备小修,是指对军事装备使用中的一般性故障和轻度损坏所进行的修理,一般由基层级维修机构完成。它是为排除装备一般性故障和轻度损坏而进行的调整、修复或更换简单零部件(元器件)的一种修理。其性质属于装备的运行性修理,即装备通常不脱离建制单位,可由修理分队或基层修理分队来完成。一般属基层级维修。

2. 中修

军事装备中修,是对军事装备主要分系统或部件进行恢复性能的修理。一般由中继级或基地级维修机构完成。它是对装备某些主要系统、总成或部件进行的恢复性能修理。中修质属于装备的平衡性修理,即恢复装备的某些部分,使其与其他未修理的部分能继续配套使用。一般属于中继级维修。

3. 大修

军事装备大修,是按照技术标准对军事装备性能进行全面恢复的修理。一般由基地级维修机构或装备制造厂完成。大修属于装备的全面恢复性修理,通常在大修时全面解体装备,更换或修复所有不符合技术标准科要求的零、部件,消除缺陷,使装备达到或接近新品标准或规定的性能指标。一般属于基地级维修。

有的装备因其特殊性,其修理类别略有不同。如飞机修理分为小修、中修、大修。舰艇修理分为坞(排)修、小修、中修和大修。各类装备的有关条例和技术文件对其修理类别、修理周期和修理内容都有明确规定。

二、预防性维修、修复性维修、改进性维修

维修是使装备保持、恢复和改善规定技术状态所进行的全部活动。按不同要求和军事装备维修所要达到的目的区分,可分为预防性维修、修复性维修、改进性维修。

(一) 预防性维修

预防性维修,指为降低装备故障的概率或延缓功能退化,按预定的时间间隔或规定的准则进行的维修活动。主要有使用检查、功能检测、状态监控、维护和定时拆修等。

预防性维修,在装备本身发生故障前预先进行的维修,其目的是保持装备的规定状态,消除故障隐患,防患于未然。主要适用于故障后果危及安全和任务完成或导致较大经济损失的情况。

预防性维修的种类是按照对装备修理的程度(即修理的深度和范围)进行划分的。不同类型的装备有不同的分法,陆军装备一般区分为大修、中修、小修,有的装备修理等级还有特修和检修;舰船装备有坞修、小修和中修之分;航空装备有外场、定检和厂修之分等。各类装备何时进行哪种等级的修理,各类型装备的修理程度,都由各类装备主管部门制定标准。

标准通常以工作时间为准,如装甲车辆、工程机械装备、飞机和舰船主机等都以发动机工作小时为准;有些装备(如军械)是以受损程度或使用年限为准。

目前,世界各国正在尽力减少维修的等级。在简化维修内容和制度方面,俄罗斯 T-80 坦克已取消了中、小修制度。在我军的装备维修制度中,也建立了如装备发动机工作到规定的使用期限,要经过鉴定小组鉴定以决定发动机是否需要修理或 延长寿命的制度。

(二) 修复性维修

修复性维修是指故障发生后,使装备恢复规定技术状态所进行的维修活动,主要内容有故障的检测、定位、隔离以及分解、更换、修复 加工、再装、调准和检验等。

修复性维修也称排除故障或故障维修,是为了将出现故障或损坏的装备恢复到规定状态所进行的维修,其目的是将出现故障或损坏的装备恢复到规定状态。

当装备在战斗中遭受损伤或发生故障后所进行的战场修理,虽然也属于恢复性维修,但在环境条件、时机、要求和所采取的技术措施上自有其特点,必须给予充分的注意和研究。

(三) 改进性维修

改进性维修是指在维修过程中,经核准对装备作局部技术改进,提高装备性能(可靠性、维修性、保障性、安全性等)的维修活动。主要有采用新技术、局部改变构造、更新材料和改进工艺等。

改进性维修通常是利用完成装备维修任务的时机,对装备进行局部技术改进、部分改装,从而提高装备性能(可靠性、维修性、测试性、保障性以及安全性等。对装备进行改进性维修必须在装备科研取得成果的基础上,经过有关部门批准后方可进行。

改进性维修的基本方式主要有装备革新和装备改造两种。

1. 装备革新

对原装备使用中所暴露出的先天性缺陷进行改进,从根本上消除或减少此类故障的发生,从而提高装备的可靠性。此种方式不同于装备的改型,只是对装备分系统中的少量部组件的部分结构或工艺进行局部改进。

2. 装备改造

装备改造,指对原装备进行提高性能的改装。此种方式多是由于原装备出厂年限较早,装备的数量又很大,在现今或预计若干年后的装备性能,明显落后而不能适应现代战争需要。对此种装备做提高某些性能的改装,可起到投资小、周期短、使老装备得到新性能后能适应战争需要的作用。当今世界各种先进技术不断引入装备,研制一个新装备需要很长的周期,甚至有些在设计时考虑应用的新技术,到生产和装备部队时,性能已经落后。此种维修方式能很好地解决在老装备上配备新技术的问题。因此,装备改造将越来越被广泛应用,成为装备的一种重要的维修方式。

三、基层级维修、中继级维修、基地级维修

维修是有等级的,开展维修工作需要有相应的维修场所。按照维修的深度、广度及维修时所处场所划分的维修等级区分,军事装备维修通常可分为基层级维修、中继级维修、基地级维修。

(一) 基层级维修

基层级维修也称分队级维修,指由装备使用人员或装备所在建制单位的最低级修理分队(所)进行的维修。一般是指作战分队的技术保养,班(排)和团修理连(所)所进行的维修活动。这些机构配有一些技术人员和维修专用设备。主要任务是平时对装备进行技术状况检查、维护以及换件修理和零件修复。平时,主要完成装备的维护检查、小修或规定的维修项目。战时组织损坏装备的战术侦察,通报装备损坏地点和情况给损坏装备的操作使用人员,以紧急技术支

援,排除装备故障,承担或协助高一级维修机构收集和后送损坏装备。其目的是保持作战分队装备的完好率和参战率。

(二) 中继级维修

中继级维修也称中间级维修,是指由中继级维修机构对装备所进行的维修。中继级维修机构一般指装备所在建制单位的某上级修理分队、修理所、修理厂等,如集团军、师(旅)、军区装备部直属的修理机构,航空兵部队修理厂和海军修理所及修理船等。主要任务是更换装备的损坏件并修复一般损坏件,同时负责支援基层级维修,以弥补其维修人力、技术和设备的不足。主要目的是完成装备中修或规定的维修项目。

(三) 基地级维修

基地级维修也称工厂级维修,是指由基地级维修机构对装备所进行的维修。基地级维修机构一般是指总部、军兵种、军区、海军基地的企业化装备修理厂、队属工厂(维修中心)以及装备制造厂等。这级修理机构具有最强的修理能力,主要任务是完成装备的大修和改装任务,还可以承担下一级不能完成的中修任务。另外,为适应局部战争机动维修保障的需要,还应建立陆上、海上的快速机动维修保障部(分)队,对主要作战区域的部队实施强有力的支援维修保障。其维修级别依其维修能力而定,一般应具有中继级以上的维修能力。

每一维修级别的维修任务应根据装备特点详细规定。高一级的维修单位可完成下一级维修单位的任务,而下一级维修单位未经上级批准,一般不能进行上一级维修单位的工作,以保证维修质量。但战时下级维修单位可以进行应急性战场修理。

基层级维修、中继级维修、基地级维修是对所有军事单位的一般术语,但是具体情况有所不同。空军要依靠固定设施,飞机必须要有着陆跑道。因此,空军的各级维修都是围绕在固定设施上进行飞机维修作业而发展起来的。陆军是可以机动的,其每一个单位都能到达地球的任何地方,因此它的各级维修必须能够在任何地方提供技术保障,维修机构也同样应是能机动的。海军一般有两种不同的装备:海军飞机和海军舰艇。无论在哪种情况下,海军比空军和陆军应能自给自足,由于海军的任务在海洋,这就限制了维修设备的规模和持续工作需要补偿品的供给线。

四、平时维修、战时维修

维修是贯穿于军事装备服役全过程的活动。按照对军事装备实施维修的时机区分,可分为平时维修和战时维修。

(一) 平时维修

平时维修是指在和平时期对军事装备所进行的维修,目的主要是恢复和保持装备的良好技术性能,保证装备的良好战备状态及在训练和其他行动中的使用。

(二) 战时维修

战时维修是指在战争时期(或战场环境)对军事装备所进行的维修。其目的主要是恢复和保持装备的战斗性能,保证装备有较高的重复参战率和持续参战率,从而保持军队的战斗力。

战场修理,是战时维修中的一种特殊的修复性维修活动。在三总部1982年编撰的《中国人民解放军军语》中把"战时对损坏的装备在损坏地点或就近进行的修理"定义为战场修理。海军装备修理部1991年编撰的《舰船装备维修名词术语》中,也把"战时对损坏的装备在损坏地点或就近进行的修理"定义为战场修理。

由于各军兵种的装备差异较大,"战场"所处的环境与范围也不一样,所以可以有各自习惯的叫法。战场修理,通常时间紧迫、环境严峻,抢修的特点非常突出,可采用一些快速、应急的方法和手段,确保以最快的速度使装备恢复全部或部分必要的功能或自救能力。

以下内容不涉及具体的修理方法(工艺),而是对战场修理的几个问题作简单概述。

1. 战场修理的目的

在战斗环境下(甚至在供应线被破坏或切断的情况下),采用应急的方法修理,使战场损伤的装备恢复其执行当前战斗任务所必要的、最低限度的一些功能,从而迅速地投入战斗或使之能够自救。这些修理可能是临时性的,而且可能并未恢复装备的全部功能。

2. 战场损伤评估

"战场损伤"指在战场上所出现的妨碍装备完成其任务的战斗损伤、随机故障、操作差错,或意外事故造成的损坏以及耗损性故障。

战场损伤评估是一种程序,用以确定,如损伤的是什么,是否可以修复,修复需要些什么资源,谁能做该项修理工作(如是操作人员,还是基层级维修组或中继级维修支援组),以及在何处修理。评估程序一般如下:

(1)确定该项修复工作是否能推迟,还是必须立刻就做;

(2)隔离装备上损坏的区域和零部件;

(3)确定必须修理哪些零部件;

(4)确定修理措施;

(5)确定备件、原材料和工具是否能得到,或有什么代用品;

(6)估计所需的人力和技能;

(7)估计修复工作所需的总时间(小时数);

(8)确定各项修理工作的先后次序;

(9)确定将在何处进行修理或确定是否需要后撤(回收)和后撤到什么地点。

以上评估程序通常应用逻辑决断过程进行。

3. 战场修理的特点

(1)战场修理一般是抢修,任务紧迫,环境严峻,修理人员(如装备使用人员)处于高度紧张状态。因此,要求修理人员具有良好的精神状态和心理素质,要经过培训的熟练技能、应变能力以及高度的责任心,并充分发挥其创造性。

(2)战场的应急修理方法(工艺)是为战场环境使用的,只在不能用平时的标准修理方法(工艺)的情况下使用。这些方法(工艺)并不意味着要代替标准的维修,只限于在战场环境下作为补充。在具备充分的时间、备件以及必要的工具设备的条件下,标准的维修是使损伤的装备恢复到规定状态最有效的手段。因此,必须强调,战场损伤评估与修理是一种应急修理,只准在战场环境的紧急情况下而且只能在基层指挥员的指示下应用,事后一旦条件具备,就必须采用标准的维修将装备修复到规定状态。

(3)有一些应急修理方法有可能产生缩短装备寿命或损坏某些零部件的后果。为此基层指挥员必须权衡决定:短少一台参战装备与采用此种修理方法相比,其风险哪一个更大些。在编写战场损伤评估与修理手册(BDAR 手册)或类似规程时,必须对每一项应急修理方法都要给出相应的警告或注意事项,并列出采用该方法的限制。

(4)通过战场修理,装备的修复程度可以分为四级。

① 能全面执行任务。装备能执行其全部战斗任务而不致危及操作人员(如操作手、乘员)的生命。装备必须是完整的,符合规定状态,并可充分用于作战。

② 能战斗。装备具有满足最低功能要求的作战能力。根据不同种类的装备,可以规定其最低的功能要求。例如对于坦克,可以从军械(炮、机枪等)与火控、车辆机动性、通信等几个方面的实战需要加以规定。

③ 能应急战斗。装备只具有某些主要功能应付某一具体任务的作战能力。

④ 能自救。若已失去任何战斗力,则应设法恢复其自救或撤回的能力。当然,战场修理并不限于简单地恢复装备最低限度的功能。如果在有限的时间和资源的消耗下,能够应急地恢复装备的全部功能,就应当这样做。

(5) 战场修理的组织如下。

① 基层级维修组。由受过战场损伤评估和修理培训的或有经验的基层级维修人员组成。当应召至待修的装备位置时,应与操作人员一道评估该装备的损伤待修程度,确定是否进行现场修复或后撤。如需进行现场修复,维修人员要在操作人员的辅助下进行修理。

② 中继级维修支援组。由中继级的维修人员组成,他们在各自的专业之外,也应受过战场损伤评估与修理的培训。当装备的损伤超过基层级维修组的评估能力或基层级机构的修理能力时,基层级维修机构可请求中继级维修支援组前往支援。

第二节 军事装备维修方式

军事装备维修方式就是指对军事装备维修时机的控制形式,一般分为视情维修方式、定时维修方式和事后维修方式,是军事装备维修主体为实施维修行动而采取的维修方法、手段和表现形式。军事装备维修方式,通常应根据军事装备故障或损坏情况对使用及安全的影响、故障和损坏原因、维修单位的技术条件和维修环境等因素来进行选择和确定。

一、定时维修方式、视情维修方式、事后维修方式

从控制军事装备及其部件维修时机的形式看,军事装备维修方式一般有定时维修方式、视情维修方式和事后维修方式。

(一) 定时维修方式

定时维修方式,是指按规定的装备维修间隔期(寿命单位)所进行的维修。它是根据规定的维修间隔期(寿命单位)或固定的累计工作时间,按照事先安排的计划,对军事装备进行强制性定时(期)检查保养和分解检修,以避免发生故障的一种维修方式。这种维修方式要对装备及其零部件进行定时(期)检查保养和分解检修,它是根据装备各机件的磨损与故障规律,在规定的间隔期或固定的累计工作时间的基础上,将维修划分成相对集中的几个阶段,在不同的阶段进行不同范围和深度的修理工作。通常不考虑装备(部件)的实际技术状况。该维修方式适用于已知寿命分布规律且确实有损耗期的装备,也适用于故障率随着使用时间的增加而增高,而其他维修方式又不适用的装备(部件)的维修。在20世纪50年代末维修理论开始变革之前,这种维修方式在装备维修中一直占据着统治地位。

定时维修方式的优点是便于装备的计划使用。定时(期)维修方式的优点,是通过定时(期)维修,使各级装备管理人员对所辖装备做到心中有数;能发现并排除很多故障和故障隐患,避免一些重大故障和事故的发生;对装备容易做到计划使用、维修工作的安排,以及维修人力的组织和物资器材的准备等,实现均衡修理,使装备保持规定的战备技术储备,以保证始终处于良好的状态。

大量的使用和修理实践证明,此种维修方式也存在明显的缺点和不足。由于该维修方式片面要求装备维修必须与使用时间有明确的关系,过分强调定时(期)的分解检查,容易造成对装备和机件的盲目大拆大卸。原本工作很好的机件,只是由于工作到预定的使用和修理期限而进行分解检查,其结果是破坏了其原有磨合良好的配合表面和安装精度,不能充分利用装备(部件)的可用寿命,反而可能导致其他故障的发生,出现机件寿命下降的不良现象。此外,由于此种维修方式的针对性不强,导致维修工作量很大,经常造成不必要的人力、物力和财力的浪费。

为有效地克服定时(期)维修的不足,许多国家在定时(期)维修基础上,增加了以可靠性为中心的内容。比较普遍的做法是建立了专家鉴定小组,对装备使用到规定期限后进行鉴定分析,根据装备的实际技术状况,进行不同类别的修理。美军曾为此作过两轮调查:1978年美国派出技术小组对2232辆坦克进行调查鉴定,工作到大修使用期限(8000km~9600km)的有139辆,经鉴定真正需要大修的仅有41辆,占工作到使用期限数量的29.5%;另一次对214辆自行火炮进行调查，使用到大修期的有86辆。经鉴定，真正需要大修的仅25辆，占规定大修数量的29.1%。维修工作量明显减少，也有效避免了不必要的人力、物力和财力的浪费。

（二）视情维修方式

视情维修方式，指经预定检测发现装备或其部分有功能故障征兆时即进行的维修。现代装备中，有很多机件特别是一些电子设备和精密度较高的仪器往往不能通过分解检查来降低故障率，从而达到提高装备可靠性的目的。对这些装备（机件）维修多是通过检测仪器或其他手段来检查其技术状况后再决定是否进行维修，即所谓的视情维修方式。视情维修是在装备（部件）的技术状况劣化到规定的下限时将其分解检修，以避免发生故障的一种维修方式。它不固定于装备（机件）的使用和更换期限，而是规定一些参数，在检查测试的基础上，当测量值达到或将要达到规定的临界参数标准时，进行针对性地修理或更换。其特征是，用状况监控技术定期地或连续地监控装备（部件）的技术状况，发现故障征兆时立即检修。这是完全建立在以可靠性为中心的维修思想的基础上的维修方式。该方式比较适用于故障率随使用时间的增加而缓慢增高，且维修耗损故障初期有明显劣化征候，又具备一定的检查手段的装备（部件）维修。

视情维修的优点，是可以比较充分地利用装备（部件）的可用寿命，有效地预防装备（机件）故障的发生，同时避免了定时（期）维修的盲目大拆大卸，大大减少了维修次数和时间，极大地提高维修效益，但组织较为复杂，需要有反映装备技术状况的可检测参数和反映故障征兆的参数判据，并要求在装备设计时就确定适用的状况监控技术以及相应的检测点。美国陆军航空队在第二次世界大战中率先在飞机的少数零部件维修中使用了这种方式。进入20世纪60年代以后，这种方式逐渐在各类装备维修中得到了大量应用。

需要强调的是，并不是任何装备都可以采用此种维修方式，而必须具备相应的检测设备与手段，并制定出能反映技术状况变化规律的参数和判别潜在故障的标准。

（三）事后维修方式

事后维修方式是指当装备或其部分发生故障或出现功能失常现象后进行的维修。它是让军事装备（部件）用到出故障或出现功能失常现象后才进行分解检修的维修方式。这种维修方式的优点是可以最充分地使装备（部件）的可用寿命得到利用，但是其前提是装备（部件）的故障不应直接影响到装备的安全使用或任务的完成。采用这种维修方式,需要不断地收集和分析装备总体的使用、维修资料,评定装备的可靠性,直到装备出故障为止。这是对用坏再修这种原始维修做法的提高。事后维修方式适用于故障率不会随使用时间的增加而增高,但预防性维修费用大于故障损失费用的装备(部件)维修。还可以用于故障规律尚不清楚的装备(部件)维修。

以上三种维修方式,各有一定的适用范围和特点。对某一种具体装备来说,在制定其维修大纲并在其使用阶段组织实施维修时,为了有效而经济地保持装备(部件)的可靠性,充分发挥装备的效能,尽量利用装备的可用寿命,往往要把这三种维修方式结合起来使用。正确运用三种维修方式相结合的原则,能够节约维修人力和物力,有效而经济地保持装备的可靠性,充分发挥装备的效能。

二、机动维修方式和固定维修方式

从维修力量的性质和组织形式的角度看,军事装备维修方式一般有机动维修方式和固定维修方式。

(一) 机动维修方式

机动维修方式,是指派出具有机动能力的维修力量对军事装备实施维修的方式。机动维修又可进一步区分为现地维修和集中维修两种组织形式。

1. 现地维修

现地维修,是到装备所在地(如阵地、集结地域、行军途中、训练场、储存仓库等)或其附近对装备进行维修,从而减少装备后送量,缩短装备待修时间,及时使修复的军事装备再次投入使用,从而取得最佳维修效益。

现地维修的主要组织形式有阵地维修、伴随维修、巡回维修等。

1) 阵地维修

阵地维修是组织维修力量直接深入阵地对装备进行的维修。部队依托阵地遂行作战任务时适于采用这种方式。

2) 伴随维修

伴随维修,是组织维修力量跟随部队行动,随时对损坏或故障装备进行的维修。部队在遂行行军、进攻、穿插、迂回、追击等机动性较大的任务时适于采用这种方式。它可使装备随坏随修,迅速恢复良好状况。

3) 巡回维修

巡回维修,是组织维修力量轮流到多个部队对装备进行的维修。这种方式既可以按计划组织实施,也可以应部队申请到部队进行维修;既可以相对有规律地对各部队进行保障,也可以对突然产生的待修装备做出快速反应。具有灵活和突击性强等特点。

2. 集中维修

集中维修,是将机动维修力量相对静止地配置在相对固定的地点(地域),建立临时维修机构,集中接收和修理当地部(分)队自身维修力量难以修复的装备或过往部(分)队的待修装备。

集中维修方式可以发挥技术优势,充分利用维修机具、设备,完成比较复杂的维修任务。它比较适于在装备损坏相对集中的地点,或是修理损坏较为严重、在现场不能修复或不便修复的装备时采用,是军队在训练、执勤特别是作战中广泛采取的一种机动修理形式。

(二) 固定维修方式

固定维修方式,是指依托修理工厂(车间)、船坞等不具有机动能力的维修机构和维修设施、设备等,在固定地点对军事装备进行维修的方式。

固定维修方式适合于对军事装备进行级别较高的修理,损坏严重、需要较长修复时间的军事装备,通常也采用这种维修方式。

三、使用者维修、专业技术人员维修和专业化集体协作维修

从维修方式由低级到高级、由简单到复杂的发展演变来看,军事装备维修的组织形式主要有装备使用者维修、专业技术人员维修和专业化集体协作维修三种方式。

(一) 装备使用者维修

装备使用者维修,指由装备的操作者或使用者对装备进行必要维修的维修方式。这种维修方式在生产力较为低下,装备构造比较简单,维修要求、方法和手段也相应比较简单,装备持有者一般都可以自己完成的冷兵器时代,是居于主要地位的维修方式。

目前,由装备使用者实施必要的维修仍然是一种有意义的军事装备维修方式。它可以充分发挥装备使用者的作用,弥补专业维修人员和设备的不足,提高装备的完好率。同时,还可以随时监控装备的技术状况,及时采取措施,缩短甚至消除装备的待修时间,以最快的速度恢复装备的功能。

装备使用者维修方式的维修效率极高。但由于装备使用者的维修水平有

限,尤其是受所掌控的维修资源的制约,它不能解决复杂的装备维修问题。

随着军事技术水平的提高,装备原理和构造日益复杂,装备使用者维修已不再是装备维修的主要方式。

(二) 专业技术人员维修

专业技术人员维修,指由经过比较系统的专业培训且专门担负装备维修任务的专业技术人员对装备进行维修的方式。

随着装备的发展,特别是进入热兵器时代后,装备构造的复杂化,逐渐提高了对维修技术的要求,维修工作一般需要有掌握某种专业技术的人员和一定的维修设备才能完成。这样,在世界各国军队中,相继出现了专门掌管维修的官员和部门,专业技术人员开始专门担负装备的维护保养工作,有些国家还建立了装备修理场。这时,专业技术人员维修就成为了装备维修的主要方式。

当前,专业技术人员维修方式仍然在相当范围内有效地发挥着作用,我军许多部(分)队都编有维修技术军官和部分维修人员,专门负责本部(分)队装备的专业维修任务,既可以及时处理一些装备使用者不能处理的维修问题,还可以为其提供技术指导和帮助,从而弥补装备使用者维修的不足,提高维修的时效性。

但是,随着装备的日益大型化和复杂化,仅仅依靠一些设备和掌握一定维修技术的专业技术人员还不能全部解决装备的维修问题。因此,专业技术人员维修方式在当前是一种重要的维修方式而不是一种主要维修方式。

(三) 专业化集体协作维修

专业化集体协作维修,指由掌握各种维修技术的专业人员,使用各种专业维修设备和设施,组成具有综合维修能力的工厂、车间式的维修机构,采取流水作业的方法来完成装备维修任务的方式。

现代技术特别是高技术装备,综合了很多先进的科学技术,已成为由多个子系统组成的复杂系统,仅靠少数专业技术人员和设备已不能完成其维修任务,并且对维修人员和维修设备提出了更高的要求。在这种情况下,专业化集体协作维修方式已成为装备维修的主要方式。

专业化集体协作维修,不仅反映在装备维修机构的内部组成上,还反映在整个装备维修体系的组成上。基层级维修、中继级维修和基地级维修的不同分工,移动式维修机构、固定式维修机构等不同的组织形式,现地修理和后送修理等不同的维修实施方法等,使军队的装备维修形成了一个系统复杂而功能完备的体系,满足了装备对维修的多样性需求。

四、计划维修、非计划维修

按维修的偶然性程度区分,军事装备维修可分为计划维修、非计划维修。

(一)计划维修

计划维修是指在装备寿命周期内按照预定的安排所进行的维修。它是根据装备维修计划所规定的维修时机、间隔期、范围、内容及任务区分等进行的正常维修活动。

(二)非计划维修

非计划维修是根据装备的某些异常状态或某种需要所进行的维修。它是针对装备出现故障、损坏、技术性能下降等情况,随机产生的需要进行的临时维修活动。因此非计划维修是以视情维修、状态监控维修、事后维修为其基本的维修方式。

第三节 军事装备维修方法

军事装备维修方法,是对军事装备进行维修时所采用的基本方法的概括。

一、检查和维护

检查和维护是为了保持军事装备经常处于规定状态而采取的技术措施。

(一)检查

检查是为判明装备的技术状况而采取的技术措施。其目的是:确定装备能否正常使用,进而对失常和有故障的装备适时进行有针对性的维修。

装备技术检查一般分为定期检查和不定期检查。

1. 定期检查

定期检查有日、周、月、季度、年度检查等。

2. 不定期检查

不定期检查有战损检查、执行任务前后检查、执行任务中检查、修理前检查、交接检查和封存检查等。

检查的内容主要是:装备的完整性;战术技术性能参数;磨耗程度;有无老化、霉变、失效;能否正常工作和使用寿命如何等。检查方法视装备的复杂程度而定,通常采取感官判定和使用量具、仪表及其他专用设备进行查看、测试、监控、校验、化验等。各类装备的有关技术标准、规程通常都规定有检查的具体内容、方法。装备技术检查应由装备管理部门、修理部门和使用分队组织实施。检查后,要对装备技术状况进行分析,提出继续使用、修理和转级的处理意见,填写检查记录。

(二) 维护

维护也称保养或维护保养,是为保持装备性能完好所采取的预防性技术措施。其内容主要包括对装备进行检查、清洁、擦拭、调整、紧固、除锈、润滑、涂油、更换油液、防护处理、通电、充电、充气、功能检查、参数监测、补充消耗、更换超过工作时限的零件、排除简单故障等。其性质属于装备的预防性修理,目的是减少装备过早磨损或损坏,消除故障隐患。

二、原件修理、换件修理、拆拼修理

修理故障或损坏装备的技术方法是多种多样的,原件修理、换件修理和拆拼修理是在不同时机、条件和范围内对军事装备进行修理的三种基本方法。

(一) 原件修理

原件修理是对故障或损坏的零部件进行调整、加工或其他技术处理,使其恢复到所要求的功能后继续使用的修理方法。原件修理方法在修理耗费比较经济或没有备件的情况下比较适用。采用新技术对某些零部件进行原件修理还可以改善其部分技术性能。在对修复原件比使用新品经济,维修时间较为充裕情况下,通常也可采用这种方法。

原件修理对维修资源的要求较高,需要一定的设施、设备和相应技术等级的技术人员等维修资源的支持,通常装备的后方修理适宜采用这种方法。战场修理在没有零部件、元器件可用,而时间和环境又允许时,也可以采用这种修理方法。

在多数情况下,原件修理不能在零部件的原位进行,而需要将零部件拆下后修理,所以耗时较多。原件修理的这些特点,决定其不便于满足靠前、及时和快速维修的要求。

(二) 换件修理

换件修理是使用完好的备用零部件、元器件或总成、模块更换故障、损坏或报废的零部件、元器件或总成、模块的修理方法。换件修理对维修级别和维修人员的技能要求较低,能满足靠前、及时和快速维修的要求。因此,它是战时特别是野战条件下修复装备的主要方法。

实施换件修理,通常要求有较多的备件储存,备件品种与数量的确定必须科学,构成装备的各种零部件、元器件或总成、模块等必须有足够的标准化程度,各种备用的零部件、元器件或总成、模块等必须具有较高的互换性。

换件修理并不适用于所有装备和所有条件。有的情况下,换件修理并不经济,反而会增加保障负担。平时对换下的零部件是废弃还是修复或降级使用,要进行权衡分析。

在战时条件下,换件修理可缩短修理时间,加快修理速度,保证维修质量,节省人力,可以快速地将故障装备或损坏装备修复重新投入使用。

(三) 拆拼修理

拆拼修理,指经过批准,将暂时无法修复或报废装备上的可以使用或有修复价值的部分总成或零部件拆卸下来,更换其他装备上损坏的相应总成及零部件,从而利用故障、损坏或报废装备重新组配完好装备的修理方法。

采用拼拆修理方法,可以在紧急情况下最大限度地使故障和战损装备尽快得到恢复并再次投入使用,减少装备的损失和遗弃,有效地缓解修理器材的紧张或短缺状况。因此,它是战时或某些特殊情况下修复装备的主要方法。

采用拼拆修理方法,通常要受到装备零部件、元器件或总成、模块等的标准化程度制约,只能修复装备中具有通用性和互换性的部分。同时,采用这种修理方法,通常要报请有关部门批准后才能实施。紧急情况下,也可以先机行动,但事后必须向有关部门及时报告。

上述各种方法的适用条件不尽相同,装备维修中采用哪一种方法,应根据装备的类型、故障或损坏部位、破坏程度、现有修理器材、工具设备,以及敌情、战斗任务等具体情况而定。通常情况下,应以换件修理为主,原件修理为辅。拆拼修理只有在情况紧急,并经指挥员批准后才能进行。

三、按技术标准修理、应急修理和维修浮动

在不同的情况下,基于不同的目的,对军事装备的修理可以有多种不同的方法,按技术标准修理和应急修理就是性质和目的完全不同的两种修理方法。

(一) 按技术标准修理

按技术标准修理是装备的正常修理方法。它是指根据装备的技术标准和相

应要求,由规定的人员使用规定的设施、工具、设备和器材等,按照规定的技术要求和工艺流程所进行的旨在恢复装备技术性能指标的修理方法。

按技术标准修理方法,适用于修复耗损或出现自然故障的装备。当装备的故障原因、故障机理、故障模式可以预见,导致装备技术性能下降的因素呈现规律性,装备维修的人员、设施、设备、工具、器材和时间、环境等客观条件具备时,也适于采取这种修理方法。

按技术标准修理方法,可以保证装备维修的质量,恢复或基本恢复装备的各项性能指标。装备的后方修理可以较多地采用这种修理方法。平时的装备大修、中修、小修,也主要采取这种方法。战时的装备修理,只要条件具备、情况允许,也应当尽可能地采用这种方法。

(二) 应急修理

应急修理,对损坏或故障装备的零部件采取临时应急性的技术措施,以维持其一定战术技术性能的修理方法。如采取旁路、切换等方法将损坏装备的有关部分进行重新结构,以应急代用品来替换故障、损坏的零部件,采取黏结、堵漏、捆绑、短接等应急手段或临时措施,来降低装备的局部功能,维持装备可用性的方法,均属于应急修理方法。

应急修理可以使损坏装备暂时恢复到某种可以使用的状态,是非常情况下的非常修理方法,在战时或紧急情况下可以发挥重要作用。但这种方法有很强的局限性,既不能完全保证修理质量,也不能保证完全恢复军事装备的战术技术性能。所以,凡采用应急修理方法修复的装备,事后均应按照严格的维修技术要求,进行恢复其技术性能指标的正常修理。

(三) 维修浮动

维修浮动,即在一定的维修级别上储备一定数量的装备或部件备份,用于及时补充或替代产生故障的装备或部件。有故障的装备或部件修复后,再作为备品"浮动"。维修浮动可保证装备系统具有较高的在编率和完好率。

第五章 军事装备维修组织管理

严格地讲,对军事装备维修组织管理可以有两种解读。第一种解读,是把军事装备维修组织中的"组织"理解为名词,那就是指通过确立合理的装备维修体制、编制,确定合适的装备维修组织要素、构建合理的组织结构、建立完善的运行机制,建立军事装备维修组织管理的基础,发挥其管理职能等活动的统称。第二种解读,则是把军事装备维修组织中的"组织"理解为动词,是指对组织实施军事装备维修活动过程的管理。由于组织实施军事装备维修活动主要包括计划制定、技术管理、质量监控、经费使用、器材保障和设备配置以及科技研究等几个基本环节。而本章只把军事装备维修组织中的"组织"理解为动词。

因此,本章主要介绍军事装备维修的计划管理、军事装备维修的技术管理、军事装备维修的质量管理和军事装备维修设备配置管理的内容,其他相关内容见后续相关章节。

第一节 军事装备维修的计划管理

装备维修计划是装备维修组织与实施的前提和基本依据,是对装备维修各项工作的内容、步骤和实施程序所做出的科学安排和规定。装备维修计划管理是装备维修管理部门为实现装备维修目标,通过装备维修计划对各项工作的内容、步骤和实施程序加以科学的安排和规定,把各项工作以及期望达到的维修目标加以统一,并确保装备维修计划有效执行和落实的全部活动的统称。

装备维修计划管理不仅仅限于计划的制订,还包括计划的执行和落实,以及执行过程中的检查和分析,为下一计划更正确、更切合实际提出改进措施。为了加强装备维修管理,合理有效地利用各种维修资源,及时全面地保障装备维修工作的有序展开,确保装备完好率保持在规定的水平,就必须加强装备维修计划管理。

一、装备维修计划管理的基本标准

计划是实现预定目标的行动进程,它反映装备维修应达到的目标和水平,是衡量战斗力的组成部分。但实现目标要有衡量的标准,计划指标就是其表示方法。计划指标通常可分为数量指标和质量指标两大类。

1. 数量指标

数量指标是表示在计划期内,装备维修在数量上应达到的规定目标。一般用绝对数表示。如装备使用的摩托小时、维修台数、各种物资的需要量、储备量、维修费用和其他费用的总数、种类维修人员数量等。

质量指标,是表示在计划期内,装备维修在质量上应达到的规定目标,也就是人力、物力、财力等方面利用程度的数值。一般用相对数表示,如装备的故障率、装备的有效度、装备修理的劳动生产率、单位产品材料消耗定额、材料利用率、自制件与修复件的合格率、废品率、单位产品的费用、设备的利用率等。

2. 计划指示

计划指标应具有先进水平,它是介于平均水平(指上期实际已经达到的水平)与最先进水平之间的平均水平,而且在计划期内的指标水平应比这个平均水平要高,是需经过努力又是可以实现的指标水平。

二、装备维修计划的分类

装备维修计划是从装备维修管理部门工作的实际需要出发而制定的,计划有多种多样,按计划的时间期限可分为长期规划、年度计划和实施计划。

(一) 长期规划

长期规划是一种纲领性的远期设想,是装备维修工作的战略性计划,一般为期3年、5年或10年以上。主要是根据国家政治、经济形势和军委战略方针及军队各类装备维修工作的实际情况,确定装备维修业务建设,规章制度建设,维修人员队伍建设,维修力量发展设想等项目的目标、指标和措施、进度等。

(二) 年度计划

年度计划以长期规划为依据,结合年度实际情况安排本年度装备维修工作,如维修任务的安排和组织,维修资源的需求,维修科研和人员的培训安排,以及维修经费的预算和分配等。

(三) 实施计划

实施计划是具体的行动计划，要求比较细致和详尽。

此外，按计划的内容，维修计划还可分为预防性维修计划、修理计划、改进或改装计划、备件筹措计划、经费开支计划、维修工具设备购置更新计划、维修科研和人员培训计划等。

实施计划是对某一类(件)装备进行维修的具体计划。它通常对某一类(件)装备的维修做出了比较细致和详尽的具体规定，是某一类(件)装备维修工作的依据。它是月份以下的计划，是上述年度计划的具体执行计划。

此外，按计划的内容分，维修计划还可分为器材供应计划、技术组织措施计划、质量计划、财务计划等。从范围上讲，各级装备维修机构都有各自的计划。

三、选择和编配新装备时应考虑的维修计划管理问题

军事领导机关选择和编配新装备的决策，对维修计划管理有重大影响。因此，根据作战需求选择和编配装备时，还应充分考虑维修管理，否则会增大维修负担，使新编配装备迟迟不能形成战斗力，这是世界发达国家军队的一条重要经验。许多国家的军队都出现过这样的情况，为了加强作战能力选购和配备了许多种型号的装备。例如，某国在一个时期内从几个国家添置了多种型号和牌号的车辆，形成"万国车库"。在一个部队总共配备几十辆车，就有若干个型号。品种越杂，越不易保障，也就难以形成战斗力。因此，在选择和编配新装备时从维修管理的角度考虑应注意如下问题：

(1) 凡是民品能转为军用的装备，如车辆及其他军用特点不突出的装备，尽可能就地选用现成的民品作军用。采用现成的民品或稍加改装即可转为军用的民品，能大大减少研制与生产费用。而且各种保障资源也都不成问题，既适于保障又大大节约保障费用。

(2) 无论本国研制或向国外购买装备，都要对装备的可靠性、维修性、保障性实际达到的水平进行考核，从中选优，此举能大大节省购置费和维修费为主的全寿命费用。

(3) 如要加强作战能力，应首先考虑选用已列装的或类似的装备，以尽量利用现成的维修保障系统。特别要避免未经充分论证，就增加数量很少的新型装备。军队对于各类装备的构成应有长远计划，预测何时需要增加新的作战能力或增强已有的能力，并订好措施。首选的措施应是改进现有装备，第二位的才是

研制新的装备,但新装备的部件仍应尽可能多地与现行装备通用(如通用底盘、发动机、变速箱、弹药、炮架等),以提高保障资源的通用性。减少新型装备的品种型号均可降低使用与维修的难度和减少保障费用。

(4)型号相近的装备尽量集中使用。当装备品种、型号已经较杂时,作为过渡性的措施可将型号相近的装备集中于少数部队,便于集中使用保障力量,这样可减少保障费用,提高完好率。

(5)在装备编配计划时,要避免顾上不顾下的倾向。所谓顾上不顾下,就是将老旧而难于维修的装备分散配发给下级部队,而将新的和便于维修的装备留在上面。有些国家的军队拥有大量的老旧车辆和装备,这些东西购自许多国家,在零备件、技术手册、专用工具等供应方面的困难很大。他们把增加的新车和新装备留在总部一级的仓库、运输单位使用,而把这些旧车和旧装备分散配发给部队(每个部队只分到少数几辆)。这些旧装备由于维修困难,常发生故障,完好率一直很低,保障费用很高,损坏加快,最后只有报废。正确的做法是将老旧难于维修的装备尽可能集中在上面,以便集中维修,从而提高完好率,也有利于有控制地使用拆配修理法,拆下损坏装备的有用零部件,维修其他装备。给下级部队配发故障少、易维修的较新装备,能提高全军装备总的完好率。

四、装备维修计划的制定

(一)装备维修计划的基本要素

在具体制订计划时要掌握下列要素。

(1)必要性——为什么要制订这项计划。

(2)目标——这个计划要达到什么目的。

(3)地点——在什么地方执行。

(4)时间——什么时机执行和什么时间完成。

(5)执行人——由谁执行及分工。

(6)方法——如何实施。

(7)措施——怎样解决实施中可能出现的问题。

(8)检查和监控——分阶段检查点和监控(如计划的调整修订等)程序。

如果在制订计划时,对上述问题都能给出正确、完满的回答,则制订出的这项计划就比较完善周密。在实施时,才可能收到较好的效益。

（二）装备维修计划的编制程序

1. 领会意图，明确任务

在制定装备维修计划时，要了解上级维修部门和本级首长的意图和有关指示，了解装备维修任务的具体内容，明确拟订装备维修计划的意图、主要内容和目标等。

2. 研究信息，掌握情况

研究信息，掌握情况，是正确制定计划的基础。当任务内容明确后，要广泛收集、研究有关信息资料，掌握装备的状况和维修力量的可能，预测维修需求和可能出现的各种情况和问题，分析影响完成任务的一切因素，做到心中有数。例如，要根据过去和现在维修人员的技术水平，预测今后可能提高到什么程度，才能制定出切实可行的维修训练计划；根据科学技术水平，预测今后维修科学发展动向，才能制订出维修科研开发计划。制定维修计划的前提条件是对过去和现在情况要摸清楚，只有把情况摸清楚了，才能通过预测和决策定出计划。为此，要对大量的维修数据进行统计，经过数理分析，用数学模型表达出变化规律，才能确切地进行定性和定量的预测、决策。

3. 列出项目，拟定指标

将掌握的情况经过分析判断，把有关内容按照轻重缓急，统筹安排列出项目，草拟进度和各阶段的具体指标和要求。目标的具体化需要通过各项具体指标来体现。可以说，指标是实现计划目标的集中体现。装备维修管理的指标随具体保障任务的不同而不同，既有定性指标又有定量指标，既有总体指标又有单项指标，既有任务方面的，又有质量方面的，既有军事方面的，又有经济方面的。指标的选择应根据计划任务和需要而定。例如，属于任务方面的指标有完好率、修复率等；属于质量方面的有合格率、事故率、人为差错率、返工（报废）率等；属于经济的指标有维修费用、工时和材料定额等。

4. 提出方案，优化决策

要在提出目标和指标的基础上，拟制多种实现指标和目标的具体措施方案，方案应是多种的、可供选择的可行方案，并尽可能地应用工程分析决策技术对其进行优化和评估，择优执行，以保证维修工作的高效率和低消耗。

5. 上报审批，下达执行

计划草案拟定后，应按有关规定送上级主管首长和部门审批，计划批准后，应迅速下达执行单位。在计划执行中，要不断检查计划执行情况，看是否符合计划规定的要求。如果发生偏差,则迅速反馈,采取措施,加以改进和调整。

(三) 装备维修计划的编制技术方法

编制装备维修计划,不仅要依据客观经济规律和战争发展规律,同时,还必须有科学的编制方法。编制计划的常用方法有以下几种。

1. 平衡法

平衡法是编制装备维修计划的基本方法之一。所谓平衡,是指运用系统工程的方法手段,对整个维修保障系统进行整体协调和全局平衡。装备维修工作中的需要与可能之间经常从不平衡到平衡,继而又从平衡发展到不平衡。平衡法要求把装备维修过程中的需要和可能两个方面,作为矛盾的统一体加以统一的考虑。计划工作的任务,就是要经常地、自觉地保持维修的人力、物力、财力在维修需要与可能之间的相对平衡,使计划既具有积极的促进作用,又要留有适当的余地。

2. 定额法

维修定额是依据一定时期的科学技术和生产力发展水平,所制定的有关维修人力、物力、财力的标准。装备维修中定额的种类很多,如原材料消耗标准、备件供应标准、维修经费标准、维修质量标准等。定额法就是直接根据各种定额和标准来确定计划指标的方法。

3. 比例法

比例法依据两个过程或相关指标之间长期形成的稳定比例,大致确定计划指标的方法。例如,在相同条件下,装备的大修台数和材料消耗有大致比例,参照上述比例安排材料的计划。

4. 比较法

比较法就是通过分析研究来确定计划指标的方法。一般有两种情况:一是不同时期的纵向比较,即与以往各年实际的发展水平、速度、比例、消耗、效果以及具体条件进行分析对比,以确定合理的计划目标;二是各部队、各部门或同类单位、同类项目进行横向比较,从中找出差距,挖掘潜力,确定可行的计划目标。

5. 分析法

分析法是既要考虑技术性能优劣的要求,又要考虑在经济上是否节约、合算。在装备维修管理中,较大范围的经费物资调整、大型装备的修理、维修工厂的选点和组建等,都需要进行技术经济的分析论证。

6. 网络法

网络技术是一种科学的计划管理方法。装备维修计划管理错综复杂,既有先后顺序,又有互相关联。运用网络技术,可以把整个计划作为一个系统,根据各个环节之间的逻辑关系,对人力、物力做出合理的安排,保证以最少的资源、最短的时间、最有利的方式为维修管理和技术人员选择最优的计划决策。在编制维修计划时,上述技术方法应根据掌握到的信息情况和计划内容综合应用。例如,有使用的定额标准时,维修任务通常采用定额法;没有定额标准的维修任务,可用比较法和比例法,维修的工序计划可用网络法等。

五、装备维修计划的实施

装备维修计划一旦批准实施,必须严格执行。确需变更时,必须经下达计划的部门批准。

在装备维修计划执行过程中,要不断检查维修计划执行情况。如果出现偏差,应及时根据反馈情况,采取措施进行调整或改进。

维修管理部门通常每半年检查一次所属装备维修计划实施情况。根据作战、训练任务的变化和装备维修中的新情况,及时调整下达的任务,并帮助解决维修中存在的实际问题。

第二节 军事装备维修的技术管理

装备维修技术管理是指维修活动中对各项技术工作的计划、组织、实施和协调的活动。装备维修技术管理是装备维修管理的主要工作,贯穿于维修工作从组织计划到维修工作结束后的技术服务与信息反馈的整个组织实施全过程,是促使装备维修工作正规有序、安全文明生产、提高维修效率和质量的重要手段。为此,在装备维修管理活动中,应着重加强维修的技术管理。

一、装备维修技术管理的原则

维修技术管理是对装备维修工作中各项技术活动过程(如对装备进行检查、维护、修理、封存、改进等)和技术工作的各种要求(如技术人才、维修设备、维修技术资料、信息等)进行管理的总称。

装备维修的技术管理,应当坚持以可靠性为中心,实行预防与修理相结合、修理与改进相结合,定时维修与视情维修相结合的原则。各种维修活动,都要以可靠性为中心,以保持和恢复装备的可靠性为目的。RCMA是确定预防性维修任务的科学方法,坚持和推广以可靠性为中心的分析决断方法,合理选择预防性维修工作类型、维修活动和维修级别;确定修理的时机、范围和活动程序,避免不必要和有害的维修。

实行预防与修理相结合是贯彻"预防为主、科学维修"的维修管理基本要求的技术管理原则。维修的大量工作是维护和预防性维修。科学地做好维护和预防性维修工作,可以有效地减少装备的功能故障,保证安全,节省维修费用。但预防也不是万能的,对随机故障效果也不显著,过多的预防性维修工作反而有害。预防和修理相结合,才能有效地保持装备完好,它们是装备技术保障工作不可缺少的两项内容。定期维修与视情维修都是预防性维修。如第一章所述,这两种维修各有优点和不同的适用范围,定期维修与视情维修相结合就是要根据装备的具体情况和维修条件加以应用。

修理通常只限于恢复原有性能和技术状态,改进则是以提高装备战术技术性能(如可靠性、维修性)为目的的技术工作。在完成修理任务的同时,利用修理的时机、技术和设备,完成局部改进现役装备性能,或提高其可靠性、维修性和安全性等,称为改进性维修。改进性维修目前正越来越受到世界各国军队的重视,这是因为装备的价格越来越高,大规模换装是很大的负担。通过改进使现役装备提高现代化水平,延长其技术寿命是一条既能提高装备性能,又能节省费用的有效的途径。强调修理与改进相结合,就是要使装备维修不仅延长装备的物质寿命,而且要部分延长装备的技术寿命。装备改进性维修项目,一般应纳入科研和革新计划,其鉴定、定型和审批程序应按国务院、中央军委发布的《军工产品定型工作条例》的规定进行。改型后,应有计划的尽快推广落实到装备上。但应注意处理好已改进装备与未改进装备之间的通用互换问题,以及影响系统协调性的其他问题。

二、装备维修技术管理的主要工作内容

装备维修的技术管理除了要安排维修实施的具体计划外,主要进行如下工作:

(一)装备技术状态监控

对装备的技术状态实施监控,有计划地组织装备的技术状态的检查和评定,

制定装备在不同任务（使用、储备、作战）的技术状态监控措施，掌握装备技术状态的定性定量情况。

装备在使用（或储存）过程中由于各种客观因素的影响，其技术状况将会产生不同程度的变化和老化。装备的老化有两种形式：有形老化和无形老化。

1. 装备的有形老化

装备在使用、储存中，其实体在应力的作用下（如机械的、电的、化学的、环境等各种形式的应力）所发生的磨损、损坏、过载、腐蚀、变质等现象，造成装备的功能减退或丧失称为装备的有形老化。装备的有形老化使其性能下降、保障费用增加、使用价值降低或逐渐丧失。装备的有形老化，大部分可以通过维修措施来消除或减缓其老化的速度。但是，是否值得采取维修措施，则要通过技术鉴定和经济性分析来确定。

2. 装备的无形老化

随着科学技术的高度发展，原先使用的装备与现在新研制的同类装备相比较，表现出来的性能差、效率低、保障费用高等现象，称为装备无形老化。装备的无形老化有经济性无形老化和技术性无形老化两种形式。

（1）经济性无形老化，是指装备停产后，备件来源困难，修理费用较高难以承受。这种无形老化，经维修经济性分析后确认不如更换经济者就应更换。

（2）技术性无形老化，是由于结构更完善、性能更好的新研制装备的出现，使得原来装备在技术上相对陈旧落后以至于丧失了使用价值的老化。技术性无形老化的报废更换问题，通常要综合考虑作战的需要和经济的承受能力。

经维修经济性分析后，对于那些维修费用过高，不值得修理的装备应当不予修理。不予修理的装备，经鉴定确认后，按照退役、报废的批准权限报批。

（二）加强标准化、规范化工作

制定各类装备的维修技术标准、维修制度和修理技术规范，以便各维修单位按标准实施装备管理和维修。

对研制部门提供的维修手册等技术资料要结合部队维修实践，逐步使之完善。制定维修技术标准、维修制度和修理技术规程，做到按章办事。全军装备维修通用标准，作为国家军用标准由总部颁发；各类装备和各维修级别所用的维修技术标准、手册，作为军用行业标准由军兵种及总部有关业务部门颁发。要建立健全各种标准及技术资料的出版发行系统，装备维修标准和技术资料要及时修订，维修单位按标准实施管理和维修。

（三）技术信息管理工作

建立健全维修技术文件和管理文书，做好数据的收集和统计分析工作。

维修技术文件和管理文书是组织实施维修工作的依据，必须建立健全技术文件和管理文书资料库。由专人负责保管，人员变动时必须办理交接手续，交待清楚。信息数据的管理要做好如下工作。

（1）加强宣传教育，提高各部门、各有关人员对信息和数据的收集与统计分析工作的认识，学会数据收集和统计分析的方法，明确各自的责任，在工作中认真执行。

（2）建立严格的信息数据收集和统计分析制度，明确统计的内容和方法，健全各种记录表格。对涉及装备有关特性且可供装备发展或改进以及管理决策使用、参考的实际数据，如平均故障间隔时间、致命性故障间的任务时间、故障率、平均修复时间、恢复功能用的任务时间、维修工时率、可用度、完好率、备件消耗率、年实际维修费用等有关的原始数据都是应当认真统计。

（3）建立信息和数据的传递、反馈和报告制度，保证数据准确、及时传输。

（4）统一术语、编码、代码或符号，便于有关人员掌握，在进行数据信息交换时有共同的语言。

（5）开发必要的自动化信息管理和决策支持系统，建立数据库或信息中心，做到数据信息资源共享。

（四）加强技术安全工作

制定维修安全操作，监督维修人员严格遵守，严防事故，特别是等级事故的发生。

（五）加强维修工具设备的管理

做好维修工具、量具的检测和校对等质量工作，抓好修理设备的使用、维修和保养。

（六）技术指导工作

随时对维修活动提供技术指导和帮助。

三、装备维修技术准备

（一）制定计划

维修计划是维修技术准备的依据，制定计划是做好装备维修技术准备的前提。装备维修计划由装备部门根据本单位的具体情况拟制，经上级批准后下发执行。维修计划的内容一般包括组织形式及方法、人员编组与分工、检查与分解的范围、时间分配和工作进度、实施步骤与方法、物资保障、要求和注意事项等。

（二）人员训练

维修实施前，装备部门应根据计划和要求，结合专业训练，组织参加维修的人员搞好"战前练兵"，熟悉装备的构造、性能，掌握技术检查标准和分析故障的方法，统一修理工艺，明确修理 规程等。

（三）组织分工

根据计划和修理人员的技术水平以及工具设备、装备的种类等情况，将参加人员进行适当编组，一般可分为检查组、修理组 与综合统计组等。编组时，要做到新老搭配，以老带新，技术力量强弱搭配合适，分工明确，组织健全。这样，既可提高工作效率，保证质量，又可防止事故的发生。

（四）物资场地准备

要充分利用现有设备，准备必要的检修工具、仪表及设备、油料、擦拭材料等。物资准备要确保需要，又要注意节约，防止浪费。

第三节　军事装备维修的质量管理

装备维修质量管理，指在维修活动中为确保维修质量而进行的管理活动，包含标准化、计量管理、情报工作，建立维修 质量责任制，质量教育训练等基础性工作。随着管理科学理论的发展，装备维修已进入了全面质量管理阶段。为此，在维修活动中，必须贯彻全面质量管理的思想，运用科学的理论和方法，实现装备维修质量管理的科学化。

一、装备设计过程的维修质量管理

设计过程包括装备的方案论证、试验研究、结构设计、工艺设计、试制和鉴定等，也就是指装备投入批量生产前的全部技术准备过程，它是装备质量的决定环节。在设计过程中，把握住产品的可靠性设计和可维修性设计两个关口，以减小装备在使用中的故障率，并为以后的维修工作创造良好的条件，是维修质量管理的主要任务，否则"先天不足"，必定"遗害无穷"。为此要做好以下具体工作。

（1）制定新装备的可靠性、可维修性的质量目标。

在拟订具体的定性和定量的有关技术要求时,要对现有类似装备的可靠性与可维修性进行充分调查研究,同时掌握国内外有关技术情报,才能提出合理的可靠性、可维修性指标。

(2) 参加设计过程中可靠性、可维修性的试验与评审。

严格按照可靠性、可维修性的质量目标和设计原则、试验准则对新装备可靠性和可维修性进行试验与评审。鉴定新产品的可靠性、可维修性的水平可保证其到达应有的质量规范。

(3) 参加标准化的审查工作。

装备零部件标准化和互换性水平是可维修性的重要质量指标,抓好标准化工作是维修质量管理的重要内容。

(4) 保证技术文件的质量。

技术文件是制造和维修质量管理的依据,文件本身就有质量保证,使之内容适当、完整统一、正确无误、整齐清洁、使用方便,并使技术文件的发放、回收、修订、销毁等都按规定的程序进行。

(5) 参加费用—效果分析,保证寿命费用合理可行。

二、维修过程的质量管理

装备维修实施过程中的质量管理,不仅要组织对该过程各环节的质量工作严格把关、监督,使不合格的零件不用、维修不合格的装备不能交出去,而且更重要的是通过质量分析,采取预防措施,把返修品减少到最低限度。具体内容如下。

(一) 严格执行维修工艺规程,全面掌握保证产品质量的工序能力

在维修过程中,影响产品质量的因素很多,可概括为以下三个方面。

1. 人的原因

人的原因主要表现形式是误判断、误操作、技术没掌握或不熟练,不懂装懂蛮干、违章作业、违章指挥、精神不集中、疲劳以及身体缺陷等。

2. 物的原因

(1) 被修产品质量属性的好坏,如果设计制造时产品的质量就不好,那么到维修时维修的质量一般是不会太好;用可靠性的观点就是维修只能恢复到产品设计制造时的可靠性水平。

(2) 产品使用维修时综合保障系统的完善程度,尤其是维修保障系统对维

修质量的影响最大,它主要包括维修规划、维修供给保障、试验和维修设备、维修保障设施、维修技术资料、维修保障资源的经费等,都是影响被修对象"维修质量的物的原因"。

3. 环境条件

环境条件主要是指作业环境中的温度、湿度、照明、噪声干扰、色彩、通风、粉尘、震动等。它主要从两个方面影响维修质量:一是影响修理对象或修理工艺及规程的质量;二是破坏人一机一环境系统的要求,影响人的工作质量。

在装备维修过程中,主要就是控制这三个主要因素的变化,使其达到最佳配合,以提高维修质量并保持其稳定性。

(二) 合理地选择检验方式,严格质量检验把关

检验是质量控制的直接手段,应在加工修理过程中设立工序检验点。尤其对于质量易波动,影响成品质量大的关键工序,加强检验,以监视和控制维修状况,保证维修质量。检验的方式很多,应按具体情况选择。

1. 按维修过程的程序选择

(1) 预先检查。维修前,对待修装备的技术状况、所需原材料、设备仪器、维修方案和实施计划等进行检查。

(2) 中间检验。在维修过程中对某工序前后的检查,如分解前检查、分解状态检查、部件装配后检验等。

(3) 最后检验。在某项装备维修工作全部完成后,对该装备作总体检验和测试。

2. 按检验的数量选择

(1) 全数检查(普查)。对所要检验装备逐件检查,由此分析判断维修质量。

(2) 抽样检查。按事先规定的抽样方案进行抽检,逐一进行检查。

(三) 开展质量状况统计、分析工作,掌握好质量动态

为了系统地经常地准确掌握质量动态,就要按规定的质量指标(包括产品质量和工作质量)进行统计分析,及时查找问题原因加强控制,要重视数据积累,建立健全质量的原始记录,定期检查、整理、分析。

在关键的工序、部位、质量不稳定的加工修理部位,部队使用中反馈回来的修理质量不良的项目、质量上重要的或薄弱的环节都应设立管理点,加强统计管理,是维修过程质量的重要措施。

三、辅助维修过程的质量管理

辅助维修工作包括辅助生产、维修准备和服务工作,如物资工具供应、设备维修、零备件制作、动力供应等,它们对装备维修质量有着重要的影响。

辅助维修过程的质量管理包括两方面的含义:一是本身质量要搞好,以提供良好的装备维修工作条件;二是它又是服务部门,有一个服务质量问题,而这过程中质量管理的任务在于为装备维修实现优质、低耗、高产创造条件。

四、使用过程的质量管理

维修质量管理工作应当贯穿到整个使用过程中去,它包括两方面的工作:一方面要做好对部队的技术服务工作;另一方面要做好使用效果和使用要求的调查,搞好部队的信息反馈。

（一）开展技术服务

组织巡回检修小组,服务上门,宣传装备使用、维修保养知识,解答技术难题、排除常见故障。特别要关心技术力量薄弱的基层单位;适时编写、发放有关装备使用、维修的技术资料;举办培训班,帮助使用者提高业务能力;保证及时供应零备件及维修用物资等。

（二）对用户进行使用效果和要求的调查

调查的目的:①了解维修后装备在实际使用中是否真正达到质量指标,以便改进维修管理工作;②将收集的质量情报及时反馈到设计制造部门。为此应建立维修质量调查制度,和用户建立经常的联系。

（三）认真处理维修后出现的质量问题

对用户反映的装备维修质量问题,要认真调查处理。属于使用不当造成的,要热情帮助其掌握使用技术;属于维修质量问题的,应负责更换或修复;属于制造原因,由组装厂负责三包。

（四）做好装备的定级、转级工作

随着使用时间推移,军事装备的技术性能、可靠性都将下降。为了掌握装备的技术状况,按"用旧存新,用零存整"的原则,正确使用、及时维修,适时组织技术鉴定,以保证部队作战、训练和储备的需要。批准退役、报废的装备,在经济合算的条件下,尽量利用,或作为教学用、民兵用或拆件等利用。

第六章 军事装备维修器材管理

军事装备维修器材管理,是对军事装备维修器材筹措、储备和供应等一系列活动进行的管理。军事装备维修器材管理,是军队装备管理的重要组成部分,是完成军事装备维修保障工作的基本条件和重要保证,在军事装备维修保障中具有十分重要的地位和作用。

第一节 军事装备维修器材概述

全面准确地理解和把握军事装备维修器材管理,是科学高效地组织军事装备维修器材管理活动的重要前提。因此,首先应当对军事装备维修器材及其分类、管理机构、采办程序及管理特点具备基本的认识和了解。

一、军事装备维修器材及其分类

军事装备维修器材,是指军事装备在维护、修理过程中所需的一切器件和材料。一般包括备件、附件、工具、仪表(器)、油液、材料。通常指完成装备维修所需的专用组件、部件和零件等备件。备件可以是单件,也可是成套的;可以是新的,也可以是修复后转入备用的。按照使用性质,装备维修器材可分为战备储备维修器材、正常供应维修器材和配套装备维修器材。维修器材是装备维修保障的重要物质基础。

军事装备维修器材根据不同的划分标准,可以有多种分类方法。按照我军现在的管理体制,军事装备维修器材主要可以分为正常周转器材、战备储备器材和出厂配套器材三类;按其筹措分工可以分为总部、军区和部队三级。正常周转器材,是用于装备平时维修管理所需要的维修器材,在管理中由"总部"、"军区"、"部队"三级筹措,逐级申请、逐级保障。总部筹措的品种为大件、贵重件、进口件、油料及轮胎等;军区筹措的品种为军内工厂可生产或军区能自制的器材;部队筹措的品种为标准件、可部队自制的零件。战备储备器材,是为了战时需要而在平时储备的维修器材。实行单独挂账、单独存放、平时不准动用的管理方式。在管理中实行战略储备器材(由总部负责)、战役储备器材(由军区负责)和战术储备器材(由部队负责)的三级储备。按未来战争中保障要求,一般为大件或总成件;战略储备器材由战时后方装备维修机构使用或作为新增部队的初始供应量。出厂配套器材,是为了保证装备部署到部队后即可产生战斗力,由装备研制和生产部门依据装备特点随装配套的零部件和工具等。一般分为单枪(炮)配套器材、连用配套器材和团用配套器材三种,这部分器材也是战时部队携行器材,平时要求其配套率达到100%。

美军将军用物资分为10类,分别是:①给养;②被服及面具;③油料;④工程建材;⑤弹药;⑥生活用品;⑦整件装备;⑧卫生医药器材;⑨备件;⑩非军事物资。维修器材一般包括第9类备件以及第②类中的部分物资。按品种数计算,维修器材占全部供应品(约375万种)的80%~90%。维修器材数量大,占用经费多,合理确定维修器材的需求量(消耗标准)和各级储备、配置量,是装备维修器材管理中既困难又具有巨大经济效益的工作。装备维修器材通常分为消耗性器材和可修复性器材。消耗性器材是指故障后不能修复或不值得修复的器材,而其它可修的贵重件则为可修复性器材。由于两者的特性差别比较大,管理的原则和方法就有所不同,可修复性器材是管理的重点。

二、军事装备维修器材管理机构

我军武器维修器材管理中采用的是总部、军区、部队三级管理保障体制,每级保障体制中均以仓库作为本级维修器材周转、储存的实物管理机构,军工厂及军代表作为维修器材生产保障机构。总装备部通用装备保障部是全军维修器材业务主管部门,主要负责:①制定全军维修器材规划计划、战备保障预案、政策法规、标准制定;②负责维修器材经费的申请、分配、使用、管理、检查和监督;③指导全军维修器材的计划、筹措、储存,人员培训、科学研究、学术交流、技术革新、成果推广等组织计划工作;④负责重要武器装备、大型零部件、油料轮胎等正常周转器材和战略储备维修器材的具体筹措、储存、供应等管理工作;⑤负责全军战备储备器材、出厂配套器材和正常周转器材数据的统计工作。军区装备部门是军区维修器材业务主管部门,负责本区内的维修器材保障工作。军以下为部队级,军至团各级机关设装备部(处),负责相应的维修器材保障工作,业务范围涉及各处科。总部、军区、部队和仓库的主要业务流程如图6-1所示。

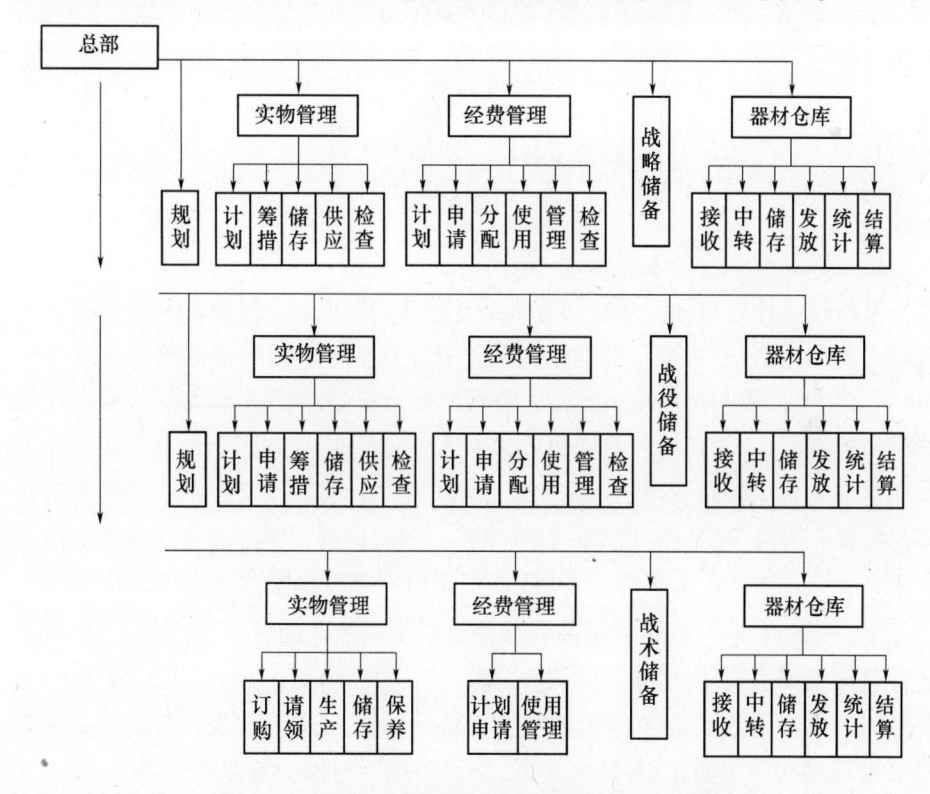

图6-1 军事装备维修器材管理机构的主要业务流程

目前,世界各国军队对维修器材管理都十分重视。特别是美军,在维修器材管理方面建立了一套较为合理的管理体制、制度、方法和手段:美军备件消耗标准的制订、各级储备量的计算、分配等计划工作,由总部后勤有关部门负责,各军种的负责机构均不相同,陆军由陆军器材研制与供应部下面的各个业务部负责,如坦克与自动车辆部归口负责所有军用车辆的保障,车辆备件的计划工作由该部负责。美军在筹措、供应、管理等方面建立了一系列的规章制度,目前已形成了国防部指令(指示)军用标准、规范、技术手册一套法规文件,如"需求建立阶段备品备件初始需求的确定"等。随着新世纪的到来,各国都在规划其维修保障,如美军提出"21世纪维修运作"等新概念,并有针对性地采取一些新的措施。美国海军陆战队则采用"器材统一管理系统"进行备件的计划工作,美国空军开发了在武器系统中分配器材基金的多种版本的管理决策模型。

三、军事装备维修器材管理的原则

军事装备维修器材保障的基本任务及其在军事装备维修保障中的重要地位和作用,要求其必须做到及时、准确、经济、高效。因此,开展军事装备维修器材管理,必须在把握装备维修器材保障自身的特点和规律的基础上,遵循以下几项原则。

(一) 统一计划,分级实施

坚持统一计划与分级实施的有机结合是开展军事装备维修器材管理的重要原则。统一计划,是军事装备集中统一管理原则在军事装备维修器材管理中的具体体现,是筹集和运用军事装备维修器材保障资源,使军事装备维修器材保障活动协调有序地运行,充分发挥整体保障效能的关键。因此,无论是军队整体上的军事装备维修器材保障,还是战略、战役、战术各层次以及各军兵种的军事装备维修器材保障,在总体上都应当坚持统一计划,以确保军事装备维修器材保障需求与保障可能的总体平衡。分级实施,是指军事装备维修器材保障应在统一计划下,按照各层次、各军兵种装备维修器材保障的职能分工,分别结合各自的实际具体组织实施,以增强保障的针对性、灵活性、准确性。因此,无论是平时还是战时的军事装备维器材管理,既要实行统一计划,又要充分发挥各级装备维修器材管理机构的职能作用,分级实施,从而实现计划统一与保障灵活性、有序性的最佳结合。

(二) 合理配备,形成梯次

现代军事装备,是一个由多种装备构成,并相互依存、互为补充、有机结合的体系。现代军事装备技术管理,也是一项由多层多种保障力量梯次支援、互相配合、共同完成的任务。因此,开展军事装备维修器材管理必须合理配备、形成梯次,以满足不同装备和不同保障层次的需要。装备维修器材管理机构必须根据体制编制、部队任务、作战需求及保障可能等,按照军事装备维修保障的需要,科学合理地配备军事装备维修器材。要注意使各种装备的维修器材品种齐全、性能匹配、比例适当、系统配套,以争取最佳的保障效能;要注意根据装备的发展变化和维修器材消耗、储备的规律,逐次更替维修器材,形成良性的储备循环机制,新、老装备维修器材结合,高、中、低档维修器材合理搭配的梯次结构;要注意装备维修器材储备和相应保障力量的空间配置,形成战略、战役和战术储备和相应保障力量紧密衔接,呈纵深梯次配备的布局,从而能够对部队实施全纵深、全方位、多层次的及时保障。要通过维修器材储备和相应保障力量的合理配备,形成科学的梯次结构,增强军事装备维修器材保障的适应性和可靠性,及时有力地满足部队作战、训练和执行其他任务时对军事装备维修器材保障的需要。

(三) 统筹兼顾,突出重点

统筹兼顾,突出重点,就是要求军事装备维修器材管理必须科学处理全面管理与重点管理的关系,这是解决供需矛盾紧张的关键。军事装备维修器材品种多、消耗大,供需矛盾将十分突出。因此,开展军事装备维修器材管理,首先要统筹全局,全面兼顾。在管理对象上,要统筹兼顾各军兵种及遂行不同任务的各个部队的需要;在管理时间上,要统筹兼顾平时和战时、遂行任务各个阶段的需要;在管理空间上,要统筹兼顾不同方向、不同地区的需要;在管理内容上,要统筹兼顾各种装备的维修器材需要。军事维修器材保障的需求多、任务重,保障能力往往难以全面满足保障需要。因此,在统筹兼顾的同时,还必须突出重点进行管理。要根据部队作战、训练和执行其他任务的需要,分清维修器材保障的主次缓急,准确把握管理重点;组织计划要着重关照重点,力量使用要优先保障重点;情况发生变化时,要及时调整和转移保障重点。对于重点保障对象、内容和行动,在关键和紧要时刻,应敢于打破常规,采取特事特办的非常措施,以满足部队急需。

(四) 精确筹划,讲求效益

精确筹划,讲求效益,就是要充分利用信息化的管理和保障手段,精确地筹划军事装备维修器材管理各项工作,从而能够以较少的保障财力、物力、人力投入,在精确的时间和地点为部队提供适用适量的装备维修器材,争取最佳的军事和经济双重效益。因此,开展装备维修器材管理必须全面分析部队的装备维修器材需求和现实保障可能,有针对性地对军事装备维修器材的筹措、储备、运输和供应等各项保障环节的活动进行充分论证、精确计算、科学决策、周密计划,避免因决策和计划失误而造成保障不利、器材浪费等情况的发生。要运用信息化的先进管理系统,加速装备维修器材保障信息的传递和反馈,全面准确地掌握装备维修器材需求与保障能力的信息,增强保障时间、数量的精确性。要适当简化层次,减少装备维修器材申请、调拨、输送和补充的程序和环节,提高保障时效,缩短保障与需求的时间差;要根据部队的实际需要量筹措、储备和供应相应的维修器材品种和数量,缩小保障与需求的数量差;要建立健全军事维修器材管理的各种标准和规章制度,实行标准化、制度化管理,进行严格的控制和监督,防止和杜绝不必要的损失、浪费,提高军事装备维修器材管理的整体效益。

第二节　军事装备维修器材筹措

军事装备维修器材筹措,是根据部队作战、训练和执行其他任务的维修保障需要、依据装备维修器材保障的相关标准和经费保障可能,通过各种形式、渠道和手段,有计划、有选择地筹集、获取军事装备维修器材的活动。

一、军事装备维修保障器材筹措的依据

军事装备维修器材筹措的主要依据是军事装备维修器材标准,主要有维修器材的周转、储备和供应标准。

（一）维修器材周转标准

军事装备维修器材周转标准,是为保证装备维修器材在进货周转间隔期间的供应而规定的储存数额或保险储备量。又称周转器材储备标准。由于周转器材实行限额储备,其周转储存限额量决定于计划供应期内的器材消耗量和预防意外情况所需的器材保险储备量,也就是经常储备和保险储备定额。经常储备定额是指在两次进货的间隔期内,为保证正常供应的需要而规定的储备标准数量。保险储备是预防出现意外情况时,能不间断供应而规定的储备标准数量。制定器材周转标准的目的是控制器材库存数量,防止积压,并保证供应。通常以能保障部队在进货周转期内器材供应的库存器材量(年量、月量)表示,也可直接用实物量或把实物量折合为金额表示。器材周转标准应当按照保障部队供应、适度控制库存量的原则,依据装备的实力,器材的供应标准、消耗标准和供应方式,并参考器材周转库存规律确定。维修器材周转标准经各军兵种分管装备的业务部门审批后执行。

（二）维修器材储备标准

军事装备维修器材储备标准,是为保障战时装备维修保障的需要,对维修器材战备储存数额的统一规定。通常,以能保障部队在规定时间内作战需要的维修器材储备数量(基数、月量、日量)表示,有时可直接用实物量或把实物量折合成金额表示。目前,陆军各专业装备维修器材储备标准多以基数为计算单位,将

基数配备标准作为储备标准。以基数作为计算单位,目的是平时便于储备,战时便于供应,有利于作战指挥员和保障指挥员组织战损装备的维修。制定战备维修器材储备标准应把作战需要与储备尽可能统一起来,既保障战时部队需要,又不造成维修器材积压。制定的主要依据是装备编制数量、作战样式和任务、战损率和战损程度、器材消耗规律、修理体制、修理方式和方法等。在科学预测的基础上,要对各项依据进行综合分析、计算和优化论证,并作必要的试验、检查、核定。通用战备器材,由军区装备部门制定基数标准;专用装备器材由总装备部制定基数标准。美军修理零部件战斗核定储备标准为保障单位日份加请领和运送时间。如军修理零配件连平时掌管的修理零配件储备为30日份的核定库存品;直接保障单位保管着45日份的核定库存品。战时,修理零配件连携带30日份的空运物资和15日份的非空运物资的核定库存品。随着装备的发展、战场维修技术的发展和应用,维修器材储备标准也会发生变化。

(三) 维修器材供应标准

军事装备维修器材供应标准,是综合考虑军事装备年度计划维护修理任务量、军事装备维护修理的器材消耗定额,以及历年军事装备维修器材供应统计资料来确定年供应品种数量或经费。

二、军事装备维修器材筹措的方式

军事装备维修器材所具有的专用性、专有性和多样性,以及军事装备维修保障体制和军事装备维修器材保障原则的规范和制约,决定了军事装备维修器材应当实行集中筹措与分散筹措相结合,以集中筹措为主;计划筹措与应急筹措相结合,以计划筹措为主。

(一) 集中筹措

集中筹措,就是适应军事装备维修器材的专用性和专有性特点,将军事装备维修器材筹措的主要职责和权力集中掌握于相关装备维修保障主管部门,由其通过有计划的统一组织国内订货、军内生产和境外进口等方式来集中统一的筹措所需要的绝大部分军事装备维修器材。例如专用装备维修器材、大宗主要原材料和进口器材主要由总部和军兵种装备部门负责实行集中筹措。

(二) 分散筹措

分散筹措,就是适应军事装备维修器材的通用性、多样性特点,对部分军事装备维修器材,特别是可以直接从市场上获取的维修器材、原材料等,将其筹措的职责和权力下放给各级装备部门或部队,由其根据就近就便、择优筹措的原则,采取就地采购、自行加工,战时条件下还可以利用缴获等多种方法进行,以作为维修器材筹措的必要补充。例如,通用维修器材、市场供应的原材料,按分工即可由军区和军兵种装备部门或部队负责实行分散筹措。

具体采用何种筹措方式,应当由有关装备部门根据实际情况确定。而无论采取哪种筹措方式,都必须以满足军事装备维修保障的需要为目标,以适应装备的发展和市场的变化为要求,加强科学预测,提高筹措的计划性和针对性,做好装备使用任务量、维修器材消耗量、经费限额量之间的综合平衡。要不断提高军事装备维修器材的国产化程度,积极引入竞争机制,实行招标合同制,进一步拓宽筹措渠道,择优选择承制单位,确保军事装备维修器材的质量和供货时间,提高维修器材筹措的军事和经济效益。

三、军事装备维修器材筹措的一般过程

军事装备维修器材筹措是一个从器材使用单位提出需求开始,到生产企业或保障单位将器材运送至使用单位或保障机构,并办理完财务结算手续为止的完整过程。这一过程主要分为筹措决策、供需衔接、进货作业三个阶段。

(一)筹措决策阶段

筹措决策阶段的主要任务是根据军事装备维修器材筹措需要,确定筹措目标,提出实现筹措目标可以采取的多种策略,按一定准则做出相应决策,并根据决策以计划和方案等形式对筹措行动做出进一步的细致安排。该阶段的主要工作有:收集并分析各种有关资料,预测维修器材需求,确定筹措目标与评价准则;预计筹措任务量、需要量和资源量,并与经费指标进行综合平衡,确定器材筹措的品种、规格和数量;按评价准则合理地选择筹措方式、供货单位、购货时机、购货批次和每批进货数量、运输方式等;编制维修器材申请计划、订(采)购计划、进货计划和修复与自制计划等各种与维修器材筹措相关的计划。

(二)供需衔接阶段

供需双方一般通过协商,按品种、数量、质量、时间和价格等多方面的条件进行平衡,在平等互利的原则上消除供需双方之间的矛盾,在品种、数量、质量、价格、时间、交货地点、运输方式、货款支付、售后服务、信息反馈等方面达成一致意见,然后签订合同,确定供需关系。

(三) 进货作业阶段

进货作业阶段是器材资源由供方转移到需方的过程。军事装备维修器材管理和保障机构要及时组织接运或提货、验收入库等工作。主要内容包括：订货合同的审查登记，及时了解合同执行情况；根据合同条款编制运输计划，组织接运或提货，验收入库，付款结算等。

第三节　军事装备维修器材储备

军事装备维修器材储备，是为了满足部队装备维修保障需要而进行的预先有计划的储存，是军事装备维修器材保障的基础环节，是保证军事装备维修器材保障连续、及时、可靠的重要条件，是根据部队装备维修器材的战备储备标准和平时器材周转储备定额，在预测装备维修器材需求量和筹措装备维修器材的基础上、建立一定品种数量的军事装备维修器材储备的活动。

一、军事装备维修器材储备的分类

军事装备维修器材储备，根据储备的目的和用途的不同，可区分为战备储备和周转储备两类。

(一) 战备储备

军事装备维修器材的战备储备，是为了保证完成战时军事装备维修保障任务的应急需要而建立的储备。为便于在战时实施装备维修器材的及时供应，军事装备维修器材的战备储备通常按照统一规划，分级储备的原则，并根据诸军兵种在未来作战中可能担负的任务和所处的地位、作用等，将器材战备储备区分为战略储备、战役储备和战术储备三种，其标准由总部制定。

战略储备用于战时支援重要战略方向的作战任务，通常部署在战略后方隐蔽而又便于运输的位置，由总部直接掌握使用。战役储备用于保障部队遂行战役任务，通常布置在各战役纵深地区，形成梯次配置，由各军区、军兵种等战役单位直接掌握使用。战术储备用于保障本部队遂行作战任务，通常以部队携、运行的战备基数形式储备，由集团军或者相当等级的单位掌管。为满足部队一次作战或一定时间的作战需要，有时可以在携、运行量外，增加一部分器材储备，称加大储备。各级战备器材的储备量，主要依据战时部队装备编制，作战使用频度，修理编制体制,修理任务分工,正常磨损的器材消耗规律和军事装备的战损率及损伤程度,以及采用的修理方式(通常,战场以换件修理为主)等情况确定。战备器材按大修、中修基数和小修基数集装成套储备。战备储备应统一规划、合理布局,按储存技术条件、失效规律和储存时间,与周转器材进行更新轮换。动用战备储备必须按规定的批准权限,报批后方可动用。

(二)周转储备

军事装备维修器材的周转储备,是为保证平时军事装备维修保障正常需要而建立的储备,分为总部、军兵种、军区和部队三级储备。这种储备包括经常储备和保险储备两部分。经常储备是指在两次进货的间隔期内,为保证正常供应的需要而设置的器材储备;保险储备是预防出现意外情况时,能实施不间断供应而设置的器材储备。最高储备量是这两种储备的数量之和。如果可以确切地知道维修器材的未来需求量,也可不建立保险储备;但是若以概率分布确定的维修器材需求量,一般都应建立保险储备。

二、军事装备维修器材储备规模、结构和布局

为了适应和满足军队在平时和战时的装备维修器材需求,保证及时、连续、可靠地为部队提供保障,军事装备维修器材的储备应当规模适度、结构优化、布局合理。

(一)储备规模

为持续满足军事装备维修保障的需要,军事装备维修器材储备应当具有一定的数量规模。受装备维修器材储备的规律和特点影响,这一规模既不能过大,也不能过小。规模过大,周转、使用和更新的时间长,容易造成过期失效和积压浪费,增加储存保管成本等导致保障效益降低的问题。规模过小,难以及时连续地满足部队需要,造成保障中断,从而影响部队建设和作战任务的完成。军事装备维修器材的储备规模,既要考虑维修器材的需求,又要考虑储备的可能。首先,要充分考虑部队的装备维修器材需求,一方面要根据部队平时的装备数量及其在战备、训练、执勤、应付突发事件等行动中对装备维修器材的基本需要;另一方面,要根据未来作战的可能规模、强度、持续时间、装备维修器材的损失消耗、战中筹措和补充的难易等对装备维修器材保障提出的特殊需求,力求使装备维修器材的储备规模既能满足平时的基本需要,又能适应战时可能的最大需要。其次,应充分考虑现实的储备能力,要根据国家可能提供的财力、维修器材生产

能力、储备设施的条件及各种装备维修器材的储存保质周期等实际情况,确定符合现实能力的装备储备规模。通常,需求数量大的装备维修器材应多储,需求数量小的应少储;技术先进,生产工艺复杂、周期长,战时不易突击生产的和主要依靠进口、战时不易筹措的装备维修器材应多储,反之则应少储;军事专用维修器材应多储,军民通用维修器材应少储;便于储存、不易过期失效的维修器材可适当多储,不便储存、易于过期失效的应尽量少储。

(二)储备结构

储备结构,是指所储备的军事装备维修器材的各种类别、品种、规格、性能之间的构成关系。现代军事装备的种类繁多、系列化程度高,军事装备维修保障对维修器材的依赖性不断增强,任何一种装备维修器材的缺少,都要影响军事装备维修保障活动的有效进行,直至影响军事装备整体作战效能的发挥。因此,装备维修器材应当形成综合配套、比例恰当的储备结构。建立合理的军事装备维修器材储备结构,首先应注重综合配套。应当根据军事装备的体系构成和编制数量对装备维修器材提出的相应要求,储备相应的装备维修器材。不仅要做到种类齐全、品种配套,而且还要根据各级装备维修保障的不同需要形成相应的系列。其次应形成恰当比例。各种装备维修器材,应当根据实际需要和相互配套关系,形成合理的数量比例关系,从而形成与维修保障工作分工关系相适应、符合供需关系的储备结构。第三应讲求动态平衡。军事装备维修器材储备一方面应保持充足的数量,以保证不间断地实施供应;另一方面也要把握和遵循在储器材的变化特点和规律,避免器材因储存时间过长而导致性能下降甚至失效的情况发生,防止损失和浪费。因此,应合理安排军事装备维修器材储备的时间和顺序,善于通过合理地组织储备的周转使用和补充更新来达到"用旧补新"的良性动态循环,实现军事装备维修器材储备的动态结构最优化。

(三)储备布局

军事装备维修器材储备布局,是指军事装备维修器材储备的空间分布、层次分布。为了在部队要求的任何地区都能提供所需的军事装备维修器材,装备维修器材储备应当形成合理的布局。通常应结合部队的平时部署、战时可能的作战任务及兵力配置、自然地理条件等情况,根据储备的层次分工和军种分工,建立以战略储备基地为依托,各战区的分区储备与随部队的携运行储备相衔接,全纵深、多层次、全方位的装备维修器材储备布局。建立合理的军事装备维修器材储备布局,必须着重把握以下几点:一是战略储备应主要储备于战略纵深便于向各战役方向,特别是主要战役方向实施支援保障的适当位置;二是战役储备要按照突出主要作战方向和主要作战集团,兼顾其他作战方向的要求,将重点储备与一般储备结合起来,以确保主要作战方向的储备得到优先保障;三是部队的携运行储备要位于部队驻地并具有较强的机动性,以满足部队的快速保障需要;四是对远离战略、战役储备基地,不便及时提供器材支援保障的边境地区、岛屿,应适当增加储备量,以提高其独立保障能力。

三、军事装备维修器材库存控制和质量、安全管理

军事装备维修器材的库存控制和质量、安全管理是储备过程的重要工作,是保证装备维修器材储备数量和质量的重要手段,直接关系到装备维修器材使用价值和保障效益。因此,必须实施科学、有效的库存控制和质量、安全管理。

(一) 库存控制

随着军事装备维修器材的筹措、补充和供应活动的不断进行,装备维修器材的实际库存量是动态变化的。库存控制就是根据军事装备维修器材储备、供应的需要和库存变化情况,通过采取一定的动态控制措施,使维修器材库存量保持在既能满足需求,又不造成积压浪费的合理水平上。

1. 库存控制的目标与要求

军事装备维修器材库存控制的目标是,通过有效的方法使维修器材库存量在满足军事装备维修保障需求的条件下,保持在经济合理的水平上。

库存控制的要求主要有:一是数量准确,满足储备定额规定,即要求在定额规定的上、下限范围之内;二是质量优良,符合技术要求,即创造良好的储存环境和加强保管与维护保养措施,延缓器材在储存中的质量变化;三是结构合理,满足储备规划要求,即加强器材储备的管理与控制,使储存器材的结构满足规划要求。

2. 库存控制的方法

保持经济合理的军事装备维修器材库存量,关键是要制定一个合适的订货策略。订货策略的内容,主要包括订货时机、订货数量、订货方法。从这三个方面研究不同情况下的订货策略,对军事装备维修器材库存实施控制可以有一种或多种方法。有关部门应正确选择库存控制方法。

(1) 重点控制法。军事装备维修器材重点控制法是根据库存器材品种和所占金额的不均衡性,将项数众多、品种规格繁杂、价格高低不一的器材,按器材的

类别所占的总金额的大小进行分类,分别采取不同的库存控制方法。通常,可以将库存器材按其所占金额大小分为 ABC 三类:A 类器材是大的部、组件(也称总成),数量宜占器材总品种的 10% 左右,价值约占总金额的 80%;B 类器材是常用器材,消耗量较大,数量宜占器材总品种的 30%,价值约占 15%;C 类器材是那些品种数量大而所占金额小的器材,数量宜占器材总品种的 60% 左右,但其价值不到 5%。通常,对 A 类器材实施重点严格的控制,对 B 类视情实施重点控制或一般控制,对 C 类器材主要实施一般控制。采取这种方法,可以抓住重点、照顾一般,达到提高库存控制效果和经济效益的目的。

(2)定期库存控制法。军事装备维修器材定期库存控制法是以固定订货周期(相邻两次订货时间间隔)为基础的一种库存量控制方法。它是按照规定的订购间隔时间(如一月、一季或一年)进行库存量定期检查,对低于规定储备定额要求的维修器材,采取按固定的时间间隔订货、进货的方法来补充库存量。

(3)定量库存控制法。军事装备维修器材定量库存控制法是以固定订购点和订购批量为基础的一种库存控制方法。订购点是指提出订购时预先确定的一个最经济的库存控制标准量。采用这种方法要经常查对库存量,随时掌握库存量变化动态。当库存量等于或低于订购点库存量时就提出订货,且每次订货数量相同。

(4)最高最低储备量控制法。军事装备维修器材最高最低储备量控制法适用于控制计划订购的维修器材库存量。它以确定的器材储备定额为依据,使库存量保持在最高储备量和最低储备量之间的范围内。为此,应对库存采用定期或经常检查的方法,发现器材实际库存量低于规定储备量范围时,应及时采取到市场采购、清点合同向供货单位催货、向有关部门求援等筹措措施予以补充。当发现维修器材实际库存量超过储备定额,或因保障任务变更使某种器材储备变得不需要时,要采取变更或撤销供货合同的办法,或将器材转给其他单位,或更改原合同的器材型号、规格等,以减少相应的储备量。

(二)质量管理

保证储备中的军事装备维修器材的质量,是装备维修器材储备管理的根本目标。为此,必须不断提高装备维修器材管理人员的素质,充分运用各种先进技术手段和科学管理方法,切实加强维修器材储备过程中的质量管理,有效地防止和延缓其质量的下降,保持其技术标准和要求。

（1）严格装备维修器材的入库检验，建立严密的检验制度，保证入库器材的质量，为实施有效的库存质量管理奠定基础。

（2）创造良好的储存环境，建设符合储备标准的装备维修器材仓库，保持良好的装备维修器材储备的温度、湿度和电磁等环境条件，防止器材腐蚀、霉变、失效。

（3）确定合理的储存期限，并将装备维修器材的战备储备与周转储备有机结合，使储备的装备维修器材，特别是储备的战备维修器材，有计划地进入流通和使用，不断轮换更新，建立良性循环的动态储备，在保证规定的储备定额维持储备的数量的前提下，保持装备维修器材储备的质量稳定。

（4）建立定期检查和维护保养制度，发现储备问题及时采取措施，保证装备维修器材经常保持完好。

（三）安全管理

保证储备的军事装备维修器材的安全，是装备维修器材储备管理不容忽视的重点。因此，必须综合采取多种措施，加强安全管理，防止储备的装备维修器材遭受意外损失。

（1）采取防雷、防洪、防震等措施，防止自然灾害侵害。

（2）采取防奸、防盗、防火、防爆等措施，防止人为造成的损失。

（3）采取警戒、防御、防护等防卫措施，防止敌人的袭击和破坏，减少储存装备维修器材的破坏性损失。

（4）严格废旧装备维修器材的处理制度，采取可靠的处废措施进行定期处废，并根据需要采取相应的环保措施，防止污染环境。

（5）加强仓库人员的政治思想教育，做好认真细致的政治思想工作，严格管理规章制度，杜绝储备工作失误，严防恶性事故发生。

第四节　军事装备维修器材供应

军事装备维修器材供应，是为了满足部队对装备维修器材的保障需要而进行的分配、调拨、发放、输送和接收等活动的统称，是军事装备维修器材保障的最后环节。只有通过供应活动，才能将军事装备维修器材转移到使用者的手中，实现装备维修器材的使用价值。

第六章　军事装备维修器材管理

一、军事装备维修器材供应的时机

军事装备维修器材的供应时机,主要根据部队执行各种任务时对装备维修器材的需要和装备维修器材的供应条件等情况确定。一般可区分为平时供应与战时供应。平时供应又区分为年度供应与临时供应;战时供应区分为任务前供应、任务中供应和任务后供应。对于军事装备维修周转器材,通常按平时的消耗定额采取年度实施供应,执行各种任务的额外需要量实施临时供应。对于战备装备维修器材,通过在部队执行任务前按规定的装备维修器材储备标准和携、运行量等全部供应到位。完成任务过程的维修器材消耗,通常在遂行任务过程中视情实施补充供应。当部队完成作战任务后,按规定的储备标准和携飞运行量及时补充装备维修器材的缺额,以保证部队迅速恢复装备维修器材的保障能力。

二、军事装备维修器材供应的方式

军事装备维修器材供应的方式,从不同的角度有不同的区分,应根据供应对象、供应时间、供应地点和供应内容等具体情况灵活选择。

1. 按供应渠道可区分为上级供应、就地筹措供应、调剂供应和利用缴获供应等。

装备维修器材的供应通常以上级供应为主,以就地筹措供应、调剂供应、利用缴获供应等方式为补充。

(1) 上级供应,是指按照军事装备维修保障体制确定的上下级装备维修器材保障关系,由上级保障机构对下级保障机构或部队实施供应的方式。由于军事装备维修器材的专有性和专用性强,绝大部分装备维修器材要由高层次的装备技术保障部门统一组织筹措和储备。因此,上级供应是军事装备维修器材供应的基本方式。

(2) 就地筹措供应,是指在驻地或遂行任务的地区,采取就地采购、动员生产和征集等手段获取需要的装备维修器材,特别是军民通用的装备维修器材,并对部队进行补充供应的方式。这种方式可以在一定程度上缓解装备维修器材的供需矛盾,减轻上级供应的压力,提高供应时效性,是装备维修器材供应的一种重要补充方式。

(3) 调剂供应,是指在需求紧急、供应不及的情况下,通过在同一地区的部队之间进行装备维修器材的调剂来实施供应的一种临时应急性维修器材供应方式。采取该方式可以暂时缓解维修器材的供需矛盾,是应对紧急需求的一种有效补充方式。

(4) 利用缴获供应,是指在战时条件下,对缴获的敌军装备维修器材进行收集、分类、登记、检验,将其适用于我军装备的部分适时补充给部队的一种供应方式。这是一种只在战时条件下适用于某些特定维修器材供应的特殊补助供应方式。

2. 按供应形态可区分为实物供应和经费供应

通常,以实物供应为主经费,供应为辅。实物供应,是指向部队供应可以直接使用的军事装备维修器材。它是部队及时获取和使用装备维修器材的重要保证,是装备维修器材供应的基本方式。经费供应是指向部队提供一定数量的装备维修器材购置经费,由部队自行采购所需的装备维修器材。它可以适当减轻实物供应的压力,是装备维修器材供应的辅助方式。

3. 按供应环节可区分为逐级供应、越级供应

通常,以逐级供应为主,必要时才实行越级供应。逐级供应,是指部队需要的装备维修器材由上一级装备维修器材保障机构实施供应。由于各级装备维修器材保障机构都有明确的保障对象和保障职能,对所保障部队的任务及其装备维修器材需求掌握准确,供应关系明确,供应计划和行动的针对性强,因此逐级供应是装备维修器材供应的基本方式。越级供应,是指部队需要的装备维修器材超越一定保障层次或环节实施供应的方式。越级供应可以减少装备维修器材保障过程中的运输中转环节,提高供应时效,但组织协调难度相对大,因此只是在紧急情况下采用的一种辅助供应方式。

4. 按补充程序可区分为计划供应和临时申请供应

通常,以计划供应为主,临时申请供应为辅。计划供应,是指部队需要的装备维修器材按照预先拟制的供应计划实施供应的方式。在科学预测、统筹规划的基础上拟定的装备维修器材供应计划,是装备维修器材供应的基本依据,在装备维修器材需求未发生重大变化时,通常以计划供应为主。临时申请供应,是指部队需要的装备维修器材根据部队临时提出的申请而实施供应的方式。临时申请供应是计划供应的辅助方式。

5. 按供应内容可以区分为配套供应与单品种供应

配套供应,就是按军事装备维修器材的储备或消耗定额,将装备维修器材按品种、数量配备齐全,成套进行供应的方式。这种供应方式手续简单、发放迅速,

是组织装备维修器材供应所采用的主要方式。单品种供应,就是按军事装备维修器材的单个品种需要组织供应的方式。单品种供应灵活性较强,可以弥补配套供应所存在的器材消耗品种、数量不均,个别器材可能出现短缺的不足,是一种可以在多种时机和情况下采用的辅助供应方式。

三、军事装备维修器材供应的一般过程

军事装备维修器材供应,是从计划开始直至送交部队为止的完整过程,必须按照一定的步骤严密组织实施。

(一)编制军事装备维修器材供应计划

军事装备维修器材供应,既可以由上级按计划组织供应,也可以由下级提出申请组织供应。无论采取什么方法,都应当根据部队对装备维修器材的需求,结合维修器材的保障可能,编制相应的供应计划。其主要内容包括:装备维修器材供应的类别、品种、规格和数量,供应的组织领导和保障力量的编组和使用,供应的时机、手段和方式,供应的运输、技术、安全保障,供应过程中各种可能情况的处置方案,供应完成的时限等。

(二)下达军事装备维修器材供应任务

军事装备维修器材供应计划确定后,应通过开具调拨单,向相关保障机构下达供应保障任务,提出装备维修器材的整备、包装等工作的完成时限和要求。在下达供应任务时,应充分考虑装备维修器材储备的空间布局,本着就近就便的原则进行调拨,以提高装备维修器材补充的时效性和综合效益。供应任务下达以后,应及时组织各项供应准备。周密组织军事装备维修器材的启封、整备和检验,按照部队的要求进行配载,准备装、卸载设施、场地和工具等。适时指导和帮助保障单位解决存在的问题,检查各项供应准备的落实情况,保证其按时展开供应工作。

(三)实施军事装备维修器材输送

应根据军事装备维修器材供应的数量大小、距离远近和供应方式、时限要求等,选择和确定运输工具及运力数量,并协同运输部门具体落实运输事宜。当输送距离较远、装备维修器材供应数量较多时,通常应选择铁路输送或水路输送;当供应距离较远、补充时限要求较急、补充数量不大时,还可以选择航空输送方式;当输送距离较近时,通常选择公路输送。军事装备维修器材输送应着重把握以下问题:

(1) 严密组织运输环节的衔接、输送方式的转换；

(2) 严密组织输送的安全管理，防止出现事故，避免造成损失；

(3) 严密组织与被保障单位有关部门之间的协调，按规定履行装备维修器材的清点、验收和交接手续；

(4) 在战时条件下，还要严密组织输送过程中的防卫，防止敌袭击破坏。

第七章 军事装备维修经费管理

军事装备维修费是军事装备维修管理费的简称,它是用于军事装备维护、修理及维修器材、设备购置等相关保障活动的经费,是保证装备在部队保持战斗力的重要物质保障基础。

第一节 军事装备维修经费管理的任务与原则

一、军事装备维修经费管理的任务

装备维修经费保障的基本任务,是依据国家和军队财务工作的法律法规,组织实施装备维修经费的筹措、计划供应、监督管理,进行装备维修经费的清理与结算。

(1)装备维修经费的筹措,即编报装备维修经费预算,通过国家财政和军队财务等相关渠道,采取各种方式取得装备维修保障所需资金的活动。

(2)装备维修经费的计划供应,即制定装备维修经费供应计划,将获取的装备维修经费在各装备机关之间、各军兵种之间、各级装备维修保障机构之间进行纵向和横向供应的活动。

(3)装备维修经费的监督管理,即按照军队财务制度和规定,围绕装备维修经费的合理分配和正确使用,而进行的组织、协调、控制和监督等系列活动。

(4)装备维修经费的清理与结算,即各级装备经费结算中心依据有关财务规定,组织实施装备维修经费结算、决算、报销等财务业务。

二、军事装备维修经费管理的原则

我军每年装备维修费用相当可观,管理好这笔钱,有重大意义。尤其是我军维修经费一直短缺,精打细算,把钱用在刀刃上就更有必要。我军装备维修经费实行由装备维修管理部门统一计划,按级负责,专款专用,标准化管理,以及经费按规定渠道的划拨、结算和接受监督的管理原则。

(一)经费要统一计划

装备维修经费由维修管理部门统一计划,实现管钱与管事相结合,使权力和责任联系在一起,是现代管理的重要原则。这是因为,装备维修管理部门要对装备维修工作的优劣承担责任,因而必须赋予它分配使用经费的权力。统一计划,要求维修管理部门,从全局出发,科学安排经费的使用和管理。要"保障重点,照顾一般,留有余地",特别在经费紧张有缺口时更应如此。在维修经费分配上,要按应急作战部队、值班部队、全训部队及执行其他任务的部队,确定优先保障的顺序。对各项维修任务的经费分配也不能平均分散使用,应根据任务要求的轻重缓急,重点保障。在保障重点的同时应注意照顾一般,不留死角,并要留有适当余地。装备的故障和损坏具有随机性。装备维修管理中的不确定性因素很多,经费使用预算虽经反复推敲修改,但在执行中仍有许多难以预料的情况。因此,高层维修管理部门要有更多一些的机动经费。机动经费的数额依对情况掌握的程度而定,太少了应付不了意外情况,太多了影响正常工作的开展。

(二)按级负责

按级负责是指在中央军委统一领导下,各级装备财务管理部门在党委的领导下都拥有本级的职责和权限,负责实施装备维修经费的供应保障,按级负责财务法规的贯彻执行,按级负责本级的装备维修经费划拨、结算以及决算工作,按级负责对装备维修经费的管理和财务工作的组织领导。各级装备财务管理部门在规定的职权范围内,不越权,不推卸责任。

(三)经费要专款专用

专款专用是保证装备维修工作正常开展的重要管理原则。部队工作千头万绪,事事都需要经费,和平时期装备维修经费往往容易被挪用,因此,规定装备维修经费专款专用,既是对维修工作的支持,也是对装备维修管理部门的约束。把每一分钱的维修经费用到装备维修保障事业上是维修管理人员的天职。根据贯彻专款专用的原则,维修经费由各级维修管理部门按级计划分配。

(四)经费要标准化管理

装备维修经费的标准化管理,是使经费管理科学化、现代化的重要手段。常见的标准主要有:各种装备年维修费用方面的标准;经费分配和开支范围方面的标准;各级维修机构维修价格方面的标准;要使各级维修人员明确经费开支范围、管理程序。经费标准管理能有效提高办事效率,减少差错。

(五)经费的划拨结算要按规定程序办理

装备维修经费按规定渠道和程序划拨、结算,这是我军财务制度决定的。这一制度既利于装备维修管理部门集中精力于经费的科学合理使用上,又利于发挥财务监督作用和部队首长对整个部队财务工作的管理。

(六)搞好检查和监督

装备维修管理费的一切财务活动,都要接受上级装备财务部门和审计部门的检查、监督和指导。各级装备业务部门的经费使用都要接受上级装备业务部门和同级装备财务部门的检查、监督和业务指导。各级装备财务部门要对所属部队的装备维修管理费的划拨供应、开支使用和财务管理情况进行检查、监督,并向上级装备财务部门报告检查和监督情况。

(七)勤俭节约,注重效益

改革开放以来,我国经济实力有了很大的增长,但总体上并不富裕。在今后相当长的时间内,国家还是以经济建设为中心,装备建设的供需矛盾不可能很快得到缓解。因此,装备维修经费管理工作必须服从经济建设这个大局,牢固树立艰苦奋斗、勤俭建军的思想,按照军委和总部提出的"标准加管理"的要求,积极探索出一条投入较少、效益较高的装备经费管理路子。首先,要在规划的科学性、可行性上下功夫。历史的经验证明,计划的浪费是最大的浪费,决策的失误是最严重的失误。要深入调查研究,掌握实际需求,搞好综合论证,合理确定目标,严格控制项目。其次,要强化装备维修经费管理,向科学管理要效益。在当前装备维修经费尚不充足的条件下,要务必十分珍惜来之不易的经费,务必处处精打细算,能省则省,使有限的经费用之合理,用之得当,力求节约每一分钱。

第二节 军事装备维修经费分类

装备维修费通常可按成本是否核算、装备的类型、经费使用性质和管理的办法进行分类。

一、按实际工作成本是否核算

按实际工作成本是否核算,装备的维修经费分为两种情况:一种是非成本核算类装备维护经费;另一种是成本核算类装备修理经费。

非成本核算类装备维护经费是指军队所属维修业务单位,如我军的军、师、旅、团级修理营、连(所),按标准计领(或其他)的形式获得装备维修器材,利用自身的维修力量完成的装备修理任务所需的经费。另一类是成本核算类装备修理经费,是指军队所属修理单位或地方承修单位等独立经济实体,如我军军区级以上的装备修理基地或地方装备生产厂家、维修厂家等,依据国家有关财会制度核算装备修理成本,按国家和军队有关装备价格管理法规,收取的装备修理费用。

二、按装备的类型分类

从装备类型的角度可分为两类:一类是通用装备维修费,即各军兵种通用的武器装备,包括装甲、通信、防化、工程、军械、车辆、陆军舰船等维修管理费用;另一类是专用装备维修管理费用,包括海军、空军、二炮、陆航部队专用装备的维修管理费用。

1. 海军装备维修管理费

海军装备维修管理费是用于海军舰船、飞机、航保、军械、导弹、通信、雷达、指挥自动化、防化、情报、机要等海军专用装备维修和帆缆涂料、海上输油管线器材购置以及军港勤务等方面开支的经费。海军装备维修管理费实行包干使用。年终结余转下年度继续用于原事业,超支在下年度定额内自行平衡。海军装备维修管理费由海军装备有关部门与综合计划部门共同管理,分为海军、基地、部队三级保障。

海军掌握的经费主要用于舰船、飞机等海军专用装备大中修及专用器材的购置。海军基地掌握的经费主要用物舰船、飞机等海军专用装备的小修及专用器材的购置。部队掌握的经费,主要用于装备的小修维护保养和零星器材的购置。

海军装备维修管理费的开支范围包括舰船综合维修费、航空装备维修费、航海保证费、军械导弹维修费、通信雷达维修费、情报费、军港勤务费、防化装备维修费、机要装备维修费、其他装备维修费等。

2. 空军装备维修管理费

空军装备维修管理费是用于保障空军所属飞机以及空军专用装备、设施的维修、保养及管理的费用,主要用于发动机、导弹装备、航空弹药、雷达、航管设备、专用通信导航装备、专用指挥自动化装备、领航装具和伞降器材等维修。空军装备维修管理费实行包干使用。年终结余转下年度继续用于原事业,超支在下年度定额内自行平衡。

空军装备维修管理费由空军装备部有关部门与综合计划部门共同管理,分为空军、军区空军、部队三级保障:空军掌管的经费,主要用于飞机、发动机和航空导弹装备、航空设备大中修理,航空、航空导弹、航空弹药、地空导弹、雷达、专用通信导航器材购置,空军专项业务开支。军区空军掌管的经费,主要用于装备中修和器材购置;部队掌管的经费,主要用于装备的小修保养和零星器材的购置。

空军装备维修管理费的开支范围包括飞机维修管理费,航空导弹装备维修费,航空弹药维护费,地空导弹装备大修费,雷达维修费,航管设备维修管理费,专用通信导航装备维修费,侦察装备维修费,专用防化装备维修费,专业训练费,仓库业务管理费,机关管理费等。

3. 二炮装备维修管理费

二炮装备维修管理费是用于保障二炮专用装备、设备、设施正常运行的维修、保养和专业训练、仓库业务管理、机关管理等。

二炮装备维修管理费由二炮装备部有关部门与综合计划部门共同管理。分为二炮、基地、部队三级实施保障:二炮掌管的经费,主要用于装备的大修和部分装备的中修;基地掌管的经费,主要用于部分装备的中修和零配件及器材购置等;分配部队的经费,主要用于装备的小修、维护保养以及相应的器材购置等。

4. 装甲装备维修管理费

装甲装备维修管理费是用于保障坦克及装甲装备、设施、器材的维修、保养和管理的费用。主要包括坦克、装甲输送车维修,坦克炮(枪)及专用瞄准镜等器材补充、维修,坦克场、修理分队设备补充、维修和坦克专用道路维修等。

装甲装备维修管理费的开支范围包括坦克、装甲车辆大修、中、小修用的各种车体器材,军械器材以及坦克随车工具等专用零配件购置费,下发物资器材运杂费,总部直属仓库和修理分队设备维修、更新补充和器材保养经费,技术革新经费,坦克大、中修补助费,轨具设备费,车场设备费,清洁劳保费,坦克专用道路维修费,专用设备开办费,专业保健津贴,小修保养费,专业训练费,仓库业务管理费,机关管理费等。

5. 通信装备维修管理费

通信装备维修管理费是用于保障通信装备、设施的维修、保养和管理的费用。主要包括通用通信、指挥自动化、台站设备、通信线路、电缆及设备等维修管理。通信装备维修管理费的开支范围包括:通用通信(含指挥自动化)装备和台站设备维修费,通信线路维修费,邮电代维费,海底和地下电缆及其设备维护费,租杆挂线费,租线及其设备维修费,修理分队设备补充、维修费,电池及简易通信器材补充、维修费;无线电管理设备、仪表、工具、监测车辆购置及维修费,电波研究费;专用设备开办费、专业保健津贴,部队自行安排的通信器材小型项目技术革新补助费;通信装备器材管理、维修费;通信装备器材小修保养费;专业训练费;仓库业务管理费;机关管理费等。

6. 防化装备维修管理费

防化装备维修管理费是用于保障防化装备、器材的维修、保养和管理的费用。主要包括防化装备维修,材料消耗、修理分队设备补充和专用设备开办等经费。

防化装备维修管理费分为由总部、军区和部队三级保障:总部掌管的经费,主要用于购置防化装备、专用零备件和专用维修设备、工具等。军区掌管的经费,主要用于军区防化装备修理所生产的部分防化装备专用零备件和在地方订购防化装备维修材料、机电设备和通用无线电产品等。部队掌管的经费,主要用于维修保养材料和通用零件、工具购置等。

防化装备维修管理费的开支范围包括通用备件、帆布制品、各种油漆的购置,消耗各种黑色、有色金属材料和焦炭、木材、水泥等的开支,外协加工费,购置修理设备,装备技术革新和试验费,库存装备检修及部队装备大修费,技术车辆、设备的燃料及电池费,装备附属通用工具购置,市场易购的通用备件购置,专业保健津贴,小修保养,专业训练、仓库业务管理、机关管理等。

7. 工兵装备维修管理费

工兵装备维修管理费是用于保障工兵装备、器材的维修、保养和管理的费用,主要包括工兵装备维修、消耗材料、修理分队设备补充和专用设备开办、专业训练、仓库业务管理、机关管理等经费。

工兵装备维修管理费由军区、军兵种和部队两级保障:军区、军兵种掌管的经费,用于工兵装备的大、中修,修理分队设备补充,成套工具中的主要工具,技术革新和业务费等。部队掌管的经费,用于三级以下维修保养所需要的各种材料、工具、清洁杂支、业务用水电等。工兵装备维修管理费的开支范围包括:工兵装备大、中修,舟桥器材(附)件、消耗材料补充费,专用设备开办费,专业保健津贴,小修保养费等。

8. 陆航装备维修管理费

陆航装备维修管理费是用于保障陆航装备、器材维修、保养和管理的维持性费用。主要包括陆航部队装备的飞机、导弹、专用弹药、专用通信导航装备等维修管理。陆航装备维修管理费的开支范围包括飞机维修费,导弹装备维修费,专用弹药维修费,专用通信导航装备维修费,修理分队设备补充、维修费,专用设备开办费,专业训练费,仓库业务管理费,机关管理费等。

9. 军械维修管理费

军械维修管理费是用于保障通用武器、弹药的维修、保养和管理的费用。主要包括通用武器、弹药化验、试验等费用。军械维修管理费分为总部、军区和部队三级保障:总部掌管的经费,主要用于弹药飞雷达、指挥仪和总部库存武器、光学仪器的大修费用;军区掌管的经费,主要用于军械装备的维护保养和库存物资的保管、保温、运杂和工人工资等;部队掌管的经费,主要用于军械装备的维护保养和储存物资的保管、保温、运杂和工人工资等。

军械维修管理费的开支范围包括:通用武器、弹药、导弹、观测声测器材、武器驮鞍等维修费;自行火炮和陆军雷达维修费,军械装具补充费和修理分队设备补充、维修费;弹药化验、试验费;专用设备开办费;专业保健津贴;军械专业训练、军械技术图书资料购置、军械业务帐表的印刷、军械物资的包装、运输费等。

10. 车辆维修管理费

车辆维修管理费是用于在编车辆、器材、设备的维修、保养和管理的费用。主要包括在编车辆维修,随车工具附件、修理分队设备补充、维修,车场维护等费用。

车辆维修管理费分为军区和部队两级保障:军区掌管的经费,主要用于车辆大修,通用配件、轮胎、随车工具、原材料、各种车型专用配件的购置等。部队掌管的经费,主要用于车辆小修,仓库业务费、技术革新和非统供配件、小五金、工具购置等。

车辆维修管理费的开支范围包括车辆维修费,小修保养费,仓库业务费,机关管理费等。专用特种车的特设部分维修费列有关事业费中开支;专用特种车的行动部分和通用特种车维修费列车辆维修费中开支。

11. 陆军船艇维修管理费

陆军船艇维修管理费是用于保障陆军船艇、设施、器材的维修、保养和管理的费用，主要包括船艇维修、随船配件、修理所设备补充、维修、码头、滑道、趸船维修和挖泥等费用。陆军船艇维修管理费分为总部、军区和部队三级保障：总部掌管的经费主要用于解决船艇大、中修和柴油机配件及帆布等实物供应部分；军区掌管的经费主要用于对下按标准供应实物和经费；部队掌管的经费主要用于船艇的小修保养等。陆军船艇维修管理费的开支范围包括船艇维修费，船员训练队专用教学设备、仪器等维修费，船艇修理分队经费，仓库业务费，码头维修费，专用设备开办费，专业保健津贴，小修保养费。陆军船艇专用特设部分维修费列有关事业费中开支。

三、按经费使用性质分类

按经费使用性质分类，可分为大修费、中修费、小修费、维修设备与器材购置费、仓库业务费、维修改革费、业务水电取暖费和业务管理费。

小修费，即基层级维修费，记为"O"级，一般是由装备使用分队在使用现场或装备所在的基层维修单位实施维修时所发生的维修费用，基层维修通常只限于装备的定期保养、判断并确定故障、拆卸更换某些零部件。

中修费，即中继级维修费，记为"I"级，是指基层级的上级维修单位及其派出的维修分队，承担基层级所不能完成的维修工作时所发生的维修费用。一般是由军、师、旅的维修机构等实施，主要负责装备中修或规定的维修项目，同时负责对基层级维修的支援。

大修费，即基地级维修费记为"D"级，一般由总部、军区的修理工厂或装备制造厂实施装备的大修或改装任务时所发生的维修费，由于其拥有最强的维修能力，故能够执行维修装备所必要的任何工作，通常有装备大修、翻新或改装，以及中继级不能完成的项目。

维修器材费。维修器材是指用于装备维修的一切器件和材料。如：备件、附品、装具等。按照使用性质，可将其分为战备储备维修器材、周转消耗器材和配套装备维修器材等三种类型。它是装备维修的物质基础，不同于装备维修工作的消耗品项目，通常是上级单位以实物指标的形势下发下级部队，可以用维修器材的价格来计量。

各类杂支费用。是在某些情况下要用的，但前面未列举出的费用。如各种设施费用,即为安装、放置维修装备而专门建造的建筑物(如装备库、维修工间等)和有关的固定设备的费用。对这些设施的维修费也算作设施费用。这也是军事装备维修费的重要组成部分。再如,装备出版物费用,即为了保证正常使用维修,而出版的相应的供维修和训练使用的出版物费用。出版物的费用包括初始费用与经常性的修订费用两类。初始费用包括研究、撰写、编辑、打印、校对、出版、批准及校审发行等费用。而修订费用是指出版物出版后,为保持其及时更新适用,需不断根据装备在寿命周期过程中的各种变动进行适时的修订、再版工作所需的费用。

四、按经费管理办法分类

装备维修经费按管理办法划分,可分为标准计领经费、计划(定额)分配经费和专项安排经费。

1. 标准计领经费

标准计领经费,就是根据装备实力和经费标准,按装备财务系统自下而上逐级报领按标准供应的经费。标准计领经费,由部队根据现有装备实力和计领标准,计算出本单位年度应领维修费数量,自下而上报决算,经费由装备财务部门按装备财务渠道逐级下拨,由部队按开支范围掌握开支。标准经费主要包括通用装备标准计领经费和专用装备标准计领经费,这是部队日常开支的维护保养费用,各级应按照标准及时足额将经费划拨到位,以保障装备正常维护工作的进行。装备维修费中的标准计领经费决算,按部队装备实有数、业务实力和有关标准编报。各单位决算上报后,由总装备部财务部门在下达的年度计划和预算内进行审核,据实核销。

装备维修管理费标准的形式是基本标准加补助。

基本标准包括装备维护修理(含携行武器、仪器的大修)经费、国防装备仓库经费、各类装备修理分队和弹药试(化)验室(站)经费等,主要用于保障各种装备、物资的保管、保养、修理和维修器材、机电设备、工具的维修、更新、补充以及装备业务用水电费。

补助经费包括装备业务费、特殊补助费,主要用于装备专业训练、装备技术图书资料的购置、装备技术革新、装备业务帐表的印刷、装备物资的包装、运输和特殊地区、特殊需要的补助。

装备维修管理费标准,按总部颁发的各类装备维修管理费标准计领。装备维修管理费的基本标准,是按月、按装备名称和实力(装备仓库按面积,装备技术保障单位按类别)制订的。补助标准是按全部基本标准总额的10%计算的。计算公式为

部队全年装备维修管理费＝[各种武器装备实力×标准＋装备修理分队个数(按类区分)×标准＋携行各种弹药吨位×标准]×12×(1＋10%)

2. 计划(定额)分配经费

计划(定额)分配经费,主要是指装备维护修理的大修费、中修费、器材购置费、维修设备购置费、仓库业务费等。计划(定额)分配经费由总部有关业务部门编报维修计划和预算,经总装备部批准后下达,各有关部门和装备财务部门共同组织实施。总部业务部门本级开支的经费,按维修计划及预算由总装备部拨给总部有关业务部门;军区及部队开支的经费,按照计划及预算由总装备部直接拨给各军区。装备经费计划分配的经费列入当年度决算支出。由总部有关业务部门联署下达的计划分配经费决算,各军区、军兵种装备部负责汇总报至总装备部综合计划部。

3. 专项安排经费

专项安排经费是指根据维修项目领报的维修经费。维修项目要经过上报、审批、批准后方能立项。

第三节 军事装备维修经费获取

一、军事装备维修经费管理的来源及获取渠道

装备维修经费的获取,是指军事装备技术保障管理部门采取一定方式,通过相关渠道,得到军事装备技术保障资金的活动。获取装备维修经费,是军事装备技术经费保障工作的首要环节。如果没有装备维修经费获取作为前提,那么装备维修经费的分配和管理就无从谈起。

不同的国家、不同的时期、不同的军队,其装备维修经费的来源及获取方式也有明显的区别。如果从获取装备维修经费的社会环境条件上看,和平时期的来源及获取方式相对单一,而战争时期的来源及获取的方式则较为多样。归纳起来,主要有以下来源及获取方式。

1. 国家财政拨款

国家财政拨款,是指国家从中央财政掌握的财力中拨出的经费,它是装备维

修经费的主要来源,是平时和战时装备维修经费来源的主体,其数量一般占绝大部分甚至全部。国家拨付的装备维修经费,及时性强,可靠性高。国家财政拨款,通常按国家财政年度预算拨付给军队。军队获取拨款后,实行预算管理。在特殊情况下,国家根据军队需要,也可能临时追加拨款。国家财政拨付装备维修经费的主要渠道,是能过国家预算拨给军队军费,然后由军队通过军费再分配,将装备维修经费划拨给负责军事装备技术保障的管理部门。除此之外,根据军事装备技术保障的特殊需要,有时国家财政也可立专项直接拨款,用于军队装备技术保障建设。

2. 地方财政拨款

地方财政拨款,是指地方政府从机动财力中拨出的用于军事装备技术保障的经费。地方各级政府通常都掌握部分机动财力,并根据需要与可能,从中划拨出部分经费用于部队装备技术保障。中国人民武装警察部队由于实行中央和地方双重领导体制,因此从地方财政拨款中获得装备维修经费的机会较多些。和平时期,军队从地方政府获取这种经费较少,战争时期会相对增多。这项经费原则上不应当"自收自支",而应当先将经费划入军队,然后再由军队有关部门分配给装备技术保障管理部门;特殊情况下,也可以直接提供给军队装备技术保障管理部门;但事后应当按照有关规定及时报上级备案。

3. 军队预算外经费

军队预算外经费,也称军队自有财力。主要是指军队和平时期从事一些工农生产或参加社会经济建设等所取得的收入。数量较为有限的军队预算外经费,与巨大的装备维修经费需求相比是微不足道的,它只能作为军队装备技术保障的辅助财力。尽管如此,只在使用合理,它仍能发挥出重要的作用。各国军队对于这部分用于军事装备技术保障的预算外经费,几乎都要求纳入装备维修经费预算进行管理,以便统一安排,统一使用,确保充分发挥其应有的作用。

4. 社会资金捐献

社会资金捐献,是指国内的社会团体和居民个人自愿捐献用于军事装备技术保障的资金。这种获取军事装备技术保障资金的方式,通常出现在战争时期。由于军事装备技术保障对资金的需求巨大,而仅靠国家拨款和军队的预算外经费难以满足战争需要。所以,有时需要通过动员,号召社会团体和居民个人,为了国家的利益、民族的利益,自愿捐献一定的资金支援战争。社会捐献财力的获取过程,一般是由地方有关机构组织动员,然后资金进入军队,通过军队再分配之后,用于军事装备技术保障。

5. 国际援助

国际援助,是指国家之间、政党之间、国际组织成员之间,出于友好或出于共同的战略利益,或出于相互利用,以援增军事技术保障装备、保障设备、物资器材或经费方式所给予的支持。这对于受援的军队来说,也是一种获取装备维修经费的渠道。对于某些弱小国家来说,甚至可能成为装备维修经费的主要来源。国际援助通常以实物为主,有时也采取援增经费的形式。而实物援助,其实也可以视为经费援助。这种援助,首先表现为国家间的援助,再由国家转入军队。有时也可直接提供给军队,再由军队安排用于军事装备技术保障。国际援助的受援者,即可是政府军队,也可是非政府军队或者其他军事组织。

二、影响军事装备维修经费获取规模的因素

1. 国民生产总值

军费来自于国家财政资金,国家财政资金来自于国民生产收益。因此,国民生产总值直接制约着获取军费的数额,也间接的制约着获取装备维修经费的数额。通常情况下,国民生产总值的高低与军队获取装备维修经费的多少成正比。当一个国家国民生产总值很高时,即使军费开支占国家财政预算的比例不很高,但其绝对值也是比较大。与此相反,当一个国家的国民生产总值很低时,即使军费开支占国家财政预算的比例相当高,但其绝对值也是比较有限的。由此可见,一个国家的国民经济发展水平,决定着国家经济的总体状况,也限制着国家军费的最大规模,进而制约着军事技术保障经费的规模。所以,国民生产总值是影响装备维修经费获取规模的重要因素。

2. 国家军事安全的需要

做好军事装备技术保障工作的目的,是保证国家的军事安全。就一般规律而言,当一个国家面临战争的现实威胁或者潜在威胁,国家的军事安全利益受到直接严重影响时,国家对包括装备维修经费在内的军费投入就会增加;与此相反,当世界和本地区形势稳定,国家长期处于和平安定的环境,国家的军事安全没有受到威胁时,国家对包括装备维修经费在内的军费就会相对减少。由此可见,国家拨给军队的装备维修经费的多少,取决于国家军事安全利益的需要。

3. 军事装备的科技含量

世界各国军事装备的发展速度不同,其现代化水平差异也很大。从总体上

讲,军事装备的科技含量较低的军队,对装备维修经费的需求也较低;相反,军事装备科技含量较高的军队,对装备维修经费的需求也较高。无论军事装备科技含量高的国家,还是军事装备科技含量低的国家,目前有一个共同的趋势,即随着世界新技术革命的兴起,都在朝着军事装备高技术化方向发展。军事高技术装备不仅研制费用和采购费用高,而且技术保障费用也很高。军事装备科技含量高的国家,要维持其现有军事装备的正常使用,必须投入高额的技术保障经费;而军事装备相对落后的国家,要维持现有军事装备技术性能,也需要投入较多的技术保障经费。

4. 装备维修经费军事装备经费和军费的比例

按照军事装备经费的一般分类方法,装备维修经费或称军事装备维修费是整个军事装备经费的一个重要组成部分。不同的国家或军队,其军事装备维修费在整个军事装备经费中所占比例往往不同。即使同一个国家或同一支军队,由于不同历史时期的军事装备发展水平不同,因而其军事装备维修费在整个军事装备经费中所占比例也有明显区别。其基本规律是,随着军事装备科技含量的不断提高,军事装备技术保障费用在整个军事装备经费中所占比重也在相应提高。而所占比重的提高,就意味着军事装备维修费绝对值的增长。据国外有关资料显示,军事装备维修费占整个军费的比例,通常应当占15%左右,如果低于12%就会造成军事装备失修、失保。另外,军事装备对维修费的需求与其在军事装备全寿命过程中所处的阶段有直接关系,单一新装备投入使用初期对维修费的需求量相对少些,此后随着使用时间的不断增长,对维修费数量也逐步增加。如果军事装备维修费不相应增加,就会造成军事装备失修、失保。军事装备失修、失保程度越严重,拖延的时间越长,改造恢复军事装备技术性能投入的经费则越多。

5. 装备维修技术保障在战争中的地位作用

随着科学技术的发展和军事装备科技含量的不断提高,技术保障在战争中的地位越来越突出,作用越来越重要。军事装备的现代化程度越高,战争对装备技术保障的依赖性也就越强。也正是因为如此,交战双方就越注重打击对方的军事装备及其军事装备技术保障力量,以求尽快削弱对方,彻底战胜对方。因此,必然会导致投入交战的军事装备数量大、种类多,军事装备战损率高,技术保障难度大。与此相应,为了提高战时的军事装备技术保障能力,平时就必须建设规模较大、素质较高的军事装备技术保障队伍,储备数量充足、品种齐全、质量优良的技术保障器材,这就对装备维修经费提出了越来越高的需求。

第四节　军事装备维修经费预算与决算

一、装备维修管理费分配

装备维修管理费的分配应该考虑以下几个方面。

(一) 与任务相一致

装备维修管理费的分配应考虑到各级所担负的维修任务及装备维修器材的筹措分工,使经费与任务相一致。

(二) 保障重点,照顾一般

对装备维修管理费的使用不能平均分配、分散使用,应注意对重点维修项目,重点给予保障。特别是在维修经费不足的情况下,如不掌握保障重点的原则,可能什么事情都办不成。在保障重点的同时要注意照顾一般,不留死角。

(三) 留有机动

装备工作存在较多的不确定因素,即使经费使用预算经过了反复推敲修改,有些情况可能在执行中还会难以预料地出现,这就要保留一定的机动费用,特别是上级技术保障部门。机动费用的数额可视情况而定,一般占整个维修费用的 5%～10% 为宜。太少了满足不了需要,太多了可能会影响经费的正常使用。

二、装备维修管理费预算

装备维修管理费预算是年度装备维修管理费开支的重要依据。它包括两个部分:①对下分配经费预算;②本级直接开支经费明细预算。

总装备部综合计划部根据年度装备维修管理费的指标,结合各军兵种装备部、总部有关业务部门上报的经费需求方案,提出分配意见,报总装备部批准后,通知各军兵种装备部和总部有关业务部门执行。结合各军兵种装备部和总部有关业务部门,在接到总装备部下发的装备维修计划和装备维修管理费预算的通知后,要将年度正常经费和历年预算经费结余、上年度未完成的项目经费、预算外经费一并统筹安排,根据装备维修计划,组织有关单位编制当年装备维修管理费预算,报总装备部,抄送总装备部综合计划部。

各单位上报的装备维修管理费预算,由总装备部综合计划部组织总部有关业务部门会审,报总装备部批准后,通知各军兵种装备部和总部有关业务部门执行。

各军兵种的专用装备维修管理费对下的经费预算,由军兵种装备部综合计划部和有关业务部门联署下达。总部有关业务部门的通用装备维修管理费对下的经费预算由总装备部综合计划部与有关业务部门联署下达。

经批准的装备维修管理费预算必须严格执行,任何单位均不得擅自调整。如果由于装备维修任务发生变化,确实需要调整预算时,应当在当年九月底之前按照规定的程序办理。

三、装备维修管理费决算

装备维修管理费决算是年度装备维修计划执行情况和经费实际支出情况的综合反映。各军区、军兵种装备部,总部有关业务部门及各直供单位的计划分配经费决算,由各单位对照总装备部批准下达的预算项目,按实际开支数编报,一式两份,于年度终了40天内报总装备部综合计划部。每年1月1日至12月31日已开支并取得合法原始凭证的支出为依据列本年度决算。

装备维修管理费计划分配决算应附文字说明。要说明的主要内容包括以下几个方面:

(1) 装备维修管理费计划、预算下达情况;

(2) 预算执行情况及其采取的主要措施;

(3) 重点部队经费保障情况;

(4) 经费节余或超支情况及其原因分析;

(5) 其他需要说明的问题等。

各军区、军兵种装备部,总部有关业务部门及各直供单位的标准计领经费决算,按部队装备、业务实力和有关标准编报,一式两份,于当年6月底前报总装备部综合计划部。各单位决算上报后,对计划分配经费决算,总装备部综合计划部依据下达的年度装备维修计划、预算进行审核后予以核销。对标准计领经费决算,由总装备部综合计划部根据全军装备实力统计的在编装备实有数和有关业务实力对上报的决算进行审核后,据实核销。年度装备维修管理费汇总决算由总装备部综合计划部向总后勤部财务部编报。

四、装备维修费财务监督

财务监督是财务工作的一项重要职能,也是我军财务工作的一项基本任务和优良传统。装备维修经费管理要接受财务监督,这对装备维修经费的供应和使用,维护财经纪律具有重要作用。

1. 财务监督的内容

财务监督的内容有预算的分配、拨付、领报、开支结算和结算外经费的收入、支出,解交(指应上交的经费,已交出)、拨付、转交等。

2. 财务监督的时机

财务监督的时机常分为事前监督、事中监督和事后监督。

(1) 事前监督,主要是监督预算的编制过程。检查已确定的维修项目是否必要,财务能否保证,经费来源是否可靠,是否符合经费分配的原则,是否符合国家和军队的财经法规、制度、方针和政策等。

(2) 事中监督,主要监督预算的执行过程。检查预算执行中是否按财经法规与财务规章、制度以及财经政策要求办事。经费供应与维修项目完成情况是否适应,有无浪费及其他不良行为,核算工作是否及时进行等。

(3) 事后监督,主要监督预算执行的结果。通过经费收支,财务报表经费决算,各项事业成果报表的审核、分析、评价等形式,检查经费收支、决算、会计核算、银行存款及现金的合理性、准确性和经费收支的经济效果。事后监督,既可以对财务活动过程进行全面检查,又可以进行重点检查,揭露问题,总结经验教训,改进工作,提高经费管理水平。

3. 财务监督的方法

财务监督的方法,一般是查看、计算和查对。查看,是审校检查财务活动的书面资料,如合同、收据、付款单、账本等;计算,是对有经费往来的数据进行计算、审核;查对,是到实地,通过个别访问、座谈会等形式进行调查核对。通过财务监督以肯定成绩和发现问题。

第八章 军事装备维修信息管理

　　信息是客观世界中各种事物状态与特征的反映,语言、文字、数字、电码、信号、图像和声音等都是表达信息的工具和形式。

　　信息是客观世界的三大支柱(即物质、能量、信息)之一,是在物质、能量之后被人们认识并发掘利用的又一种宝贵资源。三者齐备并巧妙地结合,推动了人类的发展。信息是维持和发展人类生产活动、经济活动和社会活动必不可少的一种资源。从某个侧面对客观世界的信息进行感知(获取信息)时,经过大脑的思维(处理信息)而形成观念,即感性认识,如果感性认识逐步积累达到系统完整的程度,就形成为理性认识即知识,并导致人类改造客观世界的决策行动(实践)。由此可见,人类获取、积累并利用信息是改造客观世界的必要过程,再通过实践,对原有的知识和主观判断进行验证,并对初始信息进行正确完整的补充,以指导人类的再实践。这就是基于马克思主义认识论基础上的人类开发利用信息资源的全过程。随着人们对信息的认识,20世纪中叶出现了一个重要的基础学科——信息科学。信息科学的发展将指导人类自觉地、有效地利用信息资源,扩大知识的利用率和提高思维的效益,促进科学技术飞速发展。

　　信息是无形的财富。信息的经济效益总是间接地寓于宏观经济之中,因而一般不为人们所重视。实际上,搞好信息工作会带来巨大的军事效益和经济效益,如在许多发达国家,除政府部门外,金融行业是应用计算机信息最多的一个行业,有电子出纳、电子转帐(即电子商务)等业务。电子出纳可自动办理存取业务,取款存款的操作过程不超过一分钟,电子转帐则通过全国性的银行计算机网络,把社会上所有的家庭、银行、工商行业连成一个整体,用户只要接通所在地点的终端或电话,即可把一切帐目结算完毕。所以,要想取得良好的效益,就应重视信息资源的开发和利用。

　　装备修理工厂(所)在装备的维修活动中,经常需要做出各种技术上、经济上的决策,决策的依据就是信息。没有系统可靠的信息,就难以实施有效的管理。

装备维修信息管理的任务就是：建立完整的信息系统，收集、储存与装备有关的各种信息，以及进行信息的加工、处理与反馈，为装备维修决策服务。

第一节 军事装备维修信息及维修信息

一、军事装备维修管理决策与信息的关系

装备维修管理决策按其权限范围的不同大体可分为三个层次。即装备维修战略决策、战术决策和业务活动决策。如装备维修体制的确定、维修方针的制定，维修机构的设置、规划布局、装备维修周期的调整，维修标准、维修制度、维修年度计划的制定下发等，属战略决策，由总部和军兵种机关决定。维修方法和维修手段的改革，属维修战术决策，由军(师)本级装备修理业务机关、装备大修单位提出技术方案，报上级装备修理业务部门批准实施。装备维修作业计划，维修工艺的选择，备件器材的补充，人员、设备的安排调整等，均属于装备维修业务活动决策，由装备修理工厂确定。

无论任何决策，事先都要通过各种方式，收集与决策有关的信息，作为决策的基础。通过决策者的分析，判断和推理过程，得出各种解决问题的方案，从中择优作出决策，付诸实施，在实施过程中产生的新信息，再反馈回去，用来修改和重新进行决策。所以，在决策过程中，形成一个信息流程。即信息—决策—实施—形成新信息。信息系统是决策系统的重要组成部分。装备维修管理人员了解情况、调查研究、文电信函来往等，都是获取信息。因此，收集和处理信息，是装备修理工厂和维修管理机构的一项重要职能。只有建立装备维修信息收集、处理系统，才能适应装备维修管理现代化的要求。

二、军事装备维修信息的作用及分类

（一）装备维修信息的作用

（1）根据信息摸清装备故障的规律，及时采取措施，保证装备处于良好的技术状态。

（2）通过维修信息的积累、总结，找出规律，可逐步从定时维修或事后维修过渡到视情维修。

(3) 掌握装备的维修情况和维修机构、维修技术人员的状况,不断提高维修水平。

(4) 装备信息反馈,为新研装备和改进装备提供依据,使装备性能和质量不断完善和提高。

(二) 装备维修信息的分类

装备维修信息可分为技术信息和管理信息两大类:技术信息,指技术证明书、维修规范、维修大纲、维修规程、技术标准、工艺要求、质量保证体系文件、改装图纸资料以及涉及维修的各种技术数据等。维修管理信息,则指装备数质量情况、装备故障和维修次数、寿命、维修质量体系、维修费用、备件需要量、材料消耗量等。

装备维修信息数据可分为以下六类。

(1) 送修装备状况。如装备(设备)的型号、出厂日期、修理次数、工作时间、寿命、送修原因(故障现象)等。

(2) 维修工作数据、装备修理类别、维修项目、工作进度、工时消耗等。

(3) 维修技术人员数据。包括装备维修人员和管理人员的姓名、数量、文化程度,从事维修工作的时间、技术职称、技术水平等。

(4) 维修备件材料数据,单台件装备备件材料消耗数量及规律。包括换件情况、低质易耗品使用情况,外协、自制配件情况,以及装备修理工厂(所)的维修备件库存量,备件材料周转量等。

(5) 维修机器数据和维修设备状况。包括名称、型号规格、数量、使用频率、工作负荷、工作性能、使用效果等。

(6) 维修费用数据。包括外购备件、外协件、自制件、低质易耗材料的数量、费用,设备折旧费用、所需工时等。

三、军事装备维修信息的基本要求

对维修信息的基本要求可以概括为八个字,即及时、准确、适用、完整。

(1) 及时是对信息在时间一亡的要求,信息存在着时效性,因而要求信息能及时灵敏地反映维修活动的最新情况和各方面的动态,为此,需要作到适时记录和快速传递。

(2) 准确是对信息真实性的要求,准确是信息的生命,信息必须如实地反映维修活动情况,它不仅要求信息要真,不是虚假的信息,而且要求信息要准,没有误差。各级信息管理机构信息统计不真实,轻则造成统计信息不准确,即使统计工作天衣无缝,也不能用,重则引起统计工作上的混乱,使相互关联的统计信息自相矛盾,将要贻误事业。这两种情况,都会降低甚至丧失信息的使用价值,特别在普遍应用电子计算机管理的情况下,数据不断输入、储存和处理,如果中途输入了许多不准确的信息,危害则更大更严重。

(3) 适用是对信息在质量上的要求。维修管理者需要的是从维修信息的汪洋大海中,经过选取、加工整理后提取有用的内容,只有这种有用的信息,才会帮助管理者做出正确决策或采取有效措施,从而产生积极的效用;无用的信息,或者大量杂乱无章的未加整理的信息,只会使管理者陷入信息的汪洋大海之中,浪费管理者的精力和时间,妨碍正确的决策,成为一种"干扰"因素,形成信息污染。

(4) 完整是对信息在数量上的要求。为了说明维修活动的状态,往往需要大量互相关联的完整信息。所谓完整,包括两方面的含义,即连续积累和全面积累。

此外,在获取信息的过程中,还必须注意经济性,即要用较低的费用去获取管理所需的信息。一方面,要节省获取信息的费用,例如加强各装备修理工厂(所)和装备管理机构的信息交流,就会比每个单位独立地收集全部信息,效果要好得多。另一方面,在获取信息时必须讲究实效,使获取的信息具有适用性,切忌单纯追求信息数量而忽视信息质量。

第二节 军事装备维修信息管理系统

一、军事装备维修信息管理系统概述

装备维修信息管理系统,是对维修有关的数据进行收集、分类、处理、登记、储存、检索、总结和传递的一整套工作程序的统称。在传统的维修管理中,由于没有计算机技术,信息收集、处理、储存、传递等全部依靠人工完成,费时费力,难度很大。有了计算机以后,这一工作就变得十分容易了。

装备的维修管理系统,一般由六个要素组成,即人才、物资备件、设施设备、经费、计划任务指标、信息。而信息要素,犹如人的神经系统,起着控制全局的作用。

维修管理的六个要素主要形成两种流,一个是物流,一个是信息流。

物流是客观存在的实体,是装备维修管理人员十分关注的事情,要保证整个装备维修过程物流的畅通,必须有足够准确的信息流,也就是说物流的畅通与否在很大程度上依赖于信息流是否畅通。装备维修管理中的物流是人员、设施设备、备件器材、经费及恢复良好状态的装备。如果装备修理工厂(所)、装备使用部队的某些备件短缺,装备失修,装备维修管理部门又没有及时得到这一信息,即信息流不畅通。物流不通畅,就不能保证装备的尽快修复,按时完成任务。因此,物流和信息流是相辅相成的,且在某种情况下,信息流起着重要作用。

传统的信息传输方式是人工传输,需要制订大量的统计报表和图表,由装备修理工厂(所)的统计人员填写后再收集起来。传输速度慢,加工处理难度大,甚至造成混乱。往往是一般的信息流传递反馈的回路容易沟通,而牵涉到成千上万种繁杂的维修器材物资,由于品种多,规格型号杂,信息的准确传递反馈就较难沟通。复杂的技术处置方案,恶劣环境条件下,装备关键部位测量数据的监测、采集、传输等,靠传统的方式也较难实现。

二、计算机维修信息管理系统

当计算机进入维修领域时,就产生了完整的计算机维修信息管理系统。用计算机对维修有关的数据进行收集、分类、处理登记、储存、检索、总结和传递的一整套工作程序,称为计算机维修信息管理系统。也可以理解为电子技术化的、日趋完善的维修信息管理系统。它是科学组织形式、科学管理方法和现代管理手段有机结合的综合体,是系统论、信息论、控制论思想和方法在维修管理领域的具体应用。

(一) 计算机维修信息系统管理的内容

(1) 维修资料需求的变化、调整。

(2) 维修资源和人力资源的充分利用。

(3) 维修计划、维修周期的变化、调整。

(4) 维修质量的变化、调整。

(5) 维修组织结构的改变、调整。

(6) 维修装备型号、内容及成本的变化、调整。

(二) 计算机维修信息系统的特点

1. 强调系统性和统一性

将维修、加工、管理置于一个整体中进行协调处理,并从系统应用的高度出发,统一设计出供各个环节应用的编码体系,这些编码特征明显,易懂好记。

2. 充分运用现代化信息数据处理设备

如计算机、记录仪、摄像装置、数码相机、显示装置等。使用计算机系统不仅能迅速、及时、准确地将各种信息送到管理者面前,对有关维修活动采取相应的对策,而且还可以监测工作中的动态状况,随时进行控制与调整,争取获得最佳的效益。

3. 广泛应用现代数学的成果

计算机在完成装备维修管理的各项任务时,主要是将复杂的生产、维修和管理要素归结为不同的数学模型,由计算机将它们相关联系、互相制约的诸因素转换成数学函数关系加以运算,在求解中找出最佳方案或最优方案。

4. 纵横结合控制活动对象

它依靠计算机系统对各种信息进行处理和综合,对活动对象进行控制,而不是依靠自上而下的行政命令进行领导和指挥。传统信息管理系统的结构是树状结构,它保证了纵向的指挥关系,但忽视了横向的业务联系。计算机信息管理系统是一个网状结构,既保持了纵向的指挥关系,又可以通过直接的信息传递沟通横向的联系。这种纵横结合方式,使整个活动对象形成一个有机的整体。

5. 人机系统

计算机信息管理系统不是一个全自动化的系统,而是一个人机系统,人机系统是以人为主体的系统,信息输入、输出、解释要靠人工作业完成。计算机维修信息系统向更高层次发展,也可设计为人工智能系统,它可以模拟人的思维,识别信息,并由系统软件进行处理,输出经过加工后的信息。如装备故障诊断专家系统,就是一种人工智能系统,它输入的是装备检测参数和故障现象,输出的是故障诊断结果。如《二炮装备维修信息管理系统》就是二炮装备部根据军兵种武器装备维修管理工作实际需要,于 1995 年 6 月开发的,已推广到军兵种各级装备维修部门使用。该系统由年度装备维修计划、预算编报,维修实力统计,装备维修管理、经费标准的计领、统计、测算等部分组成。系统运行的软件环境为 Windows98 以上操作系统,在《通用智能型管理系统开发平台》的环境下运行。

(三)计算机维修信息系统的主要功能及应用范围

装备维修计算机信息管理系统的功能,与计算机硬件、软件的配置有关。目前,许多单位正在开发各类管理应用软件,一些通用性较强的软件已纳入了系统软件,一些比较成熟的应用软件也被提炼成了软件包。计算机信息系统在装备维修管理中的功能口臻完善,现将主要功能及应用范围分述如下。

1. 过程控制功能

过程控制功能分两个方面:一是控制装备的运行过程和工艺参数,并可进行质量检测。这种功能主要是满足维修管理与质量管理方面的需要;二是监测装备的工作状态,测试各类检测设备的性能参数指标,如振动、噪声、超声、温度、润滑状态、环境因素等,提供对维修工作有益的信息。

2. 工程设计与计算功能

可以对各种装备和维修工艺进行化学、物理性能分析和计算,也可以进行计算机辅助设计和制图,还可进行各种技术方案的优选分析与计算。

3. 信息处理功能

信息处理功能可以处理装备维修管理中的各种信息。

(1) 维修设备台帐管理。将装备修理工厂的所有设备的原始数据和资料储存在计算机中,根据需要,随时按不同格式输出各车间设备台帐和设备的状况清单。

(2) 装备分类、排序、查询及检索。①可将装备修理工厂(所)所维修覆盖的成千上万台在役装备,包括型号、规格、产地、功能、配套、修理情况、运行时间等信息资料,进行分类排序后输入系统。当某一装备配套使用或维修、报废时,可通过计算机迅速查出所需要的相关信息。②可对维修机构内部的设施设备进行分类统计,输入计算机进行查询。

(3) 装备维修计划管理。在制定维修计划时,可引用储存在计算机系统中的装备档案信息、维修信息、诊断信息,结合其他实际情况,编制装备的年度、季度、月维修计划。

(4) 备件器材库存管理。将作战部队、装备修理工厂(所)库存的备件器材的库存量、出入库情况,装备维修备件需求情况,均输入计算机系统,可随时索取当前库存情况及统计报表,当库存量下降到警戒线时,可设置报警提示。

(5) 其他功能。计算机还可以对维修系统提供人员管理、组织计划、财务管理、技术及工艺管理等方面的服务功能。

(四) 计算机维修信息管理系统的开发程序

计算机在装备维修的组织管理中的应用是极为广泛的,按其应用条件和规模可分为:组织计划信息管理系统、备件器材管理系统、质量管理系统、技术管理系统、财务管理系统、维修设备数量及质量管理系统、技术人员培训管理系统、规章制度管理系统和各种专业的技术处置及故障诊断系统等,无论哪一种信息管理系统,都应花大力做好系统开发的基础性工作。一般的计算机维修信息管理系统开发程序可分以下几个阶段。

(1) 项目选定。选定哪一个系统作为开发项目,首先要有明确的开发目的,解决什么问题,达到什么目标。这种目的应该是第一线使用单位和使用人员提出的要求,要求既要明确,又要具体,既有目标要求,又有具体细节要求,最好能预见到将来的发展状况。

(2) 可行性分析。有了明确的目的之后,成立一个由基层使用人员和开发人员共同组成的专门小组做进一步的分析。首先确定项目在技术上有无实现的可能,再看在资源有无实现条件。这样,对系统的规模有了一个大致的设想,就可以提出可行性报告。

(3) 系统设计。系统设计包括硬件系统设计和软件系统设计。硬件系统设计主要由系统的总体组成,主机与外围设备的选择配置。软件系统设计主要有代码、输入方法、输出效果构想,还有整个系统说明书的编写工作。

(4) 程序设计。程序设计主要指应用程序设计。如果是大型程序,可由多名程序员完成,但每人都要按统一的要求进行编写,避免出现程序连接的矛盾。

(5) 系统的实施。系统的实施工作包括硬件的安装、调试以及软件的调试。一般来说,系统是在通过大量的试验数据和实际数据调试过程中逐步积累完善起来的。

(6) 系统的综合评价。对开发出来投入使用的系统,从技术的观点和经济的观点加以分析总结,组织各方面的专家进行系统综合评价,确定系统运行是否正常,是否达到预期目的。

第三节　军事装备维修信息管理工作

为了加强装备维修信息管理,规范装备维修信息的收集上报、分析处理、储存交换等工作,提高装备管理与决策的科学化和现代化水平,要加强装备维修信息管理工作,认真落实装备维修信息管理的有关规定。

装备维修信息管理的目的是:建立健全各级信息管理组织,制定和完善管理规章制度与技术规范,按照规定的程序和要求采集信息,进行科学地分析处理,

第八章　军事装备维修信息管理

实施系统有序的管理,为装备维修与装备质量建设服务。

装备维修信息管理的基本要求是:强化装备维修信息管理意识,实行统一领导,集中管理,分级负责,准确高效,确保装备维修信息在采集上报、分析处理、储存交换中的及时性、准确性、完整性、安全性和可追溯性。

一、建立军事装备维修信息管理体系

装备维修信息系统的各级机构,按其主要职责的不同,可以分为三个层次:

(1) 基层信息组织应为直接参加维修操作人员(一般为兼职的信息员)组成的信息小组;

(2) 中层信息组织应为装备修理工厂的计划部门或旅、团装备部门;

(3) 高层信息组织为军师以上装备维修管理部门或其委托的信息管理机构。

基层信息小组的主要职责,是贯彻执行上级的指令性信息,负责维修原始信息的收集、整理,向上级维修信息管理部门提供第一线的原始信息。

中层信息组织的主要职责,是进行信息的处理,即审核、分析、处理下级提供的信息,从中找出反映维修活动最新动态,以便使管理者及时作出决策,发展好的形势,防止维修工作中出现大的偏差,以把握维修活动的全局,掌握维修工作的主动性。

高层信息机构的主要职责,是进行信息的整理、提炼。①通过大量的日常维修信息,把人们关心的信息集中起来,抓住问题的本质,找出事物的统计规律性,建立起相应的数学模型。②从大量的日常维修信息中,发现新生事物的萌芽,通过科学思维,加以联想、引伸、扩大,预见到事物的发展趋势,并提出相应的对策,用以指导维修事业向前发展。人们把这种善于由表及里,去伪存真,勤于思考的加工处理意识,称为情报意识。高层信息人员和管理者都应该具有这种情报意识,因为大量的实践活动和新事物发展产生,往往是自下而上开始的,任何新生事物的萌芽也往往总是来自下面、来自群众的。

高层信息机构的另一重要职责,是及时下达上级和本级维修管理部门和首长的指令性信息,以指导下属部队的装备维修活动。与此同时,还应经常了解掌握军内外、国内外有关装备维修工作的动态,并将这些动态信息编印成文件或资料,及时下发。这是除指令性信息以外,对下级进行计划指导的一个重要方式。

二、军事装备维修信息组织体系与管理

装备修理工厂和旅、团装备部门应建立本级装备维修信息管理组织。担负装备修理的车间(队)或担负装备维护任务的营、连级单位应建立信息小组。各信息小组设信息采集组长和若干信息采集员(以下简称信息组长和信息员)。

装备修理工厂计划部门或旅、团装备部门,设立中层信息组织,其工作任务内容如下:

(1)收集、整理各信息采集组上报的信息,按照规定的时间、内容和要求,向上级提交装备维修信息报告,并对本单位所提供信息的质量负责。

(2)承办对维修信息组长的业务培训,督促、检查信息采集工作,并参与对信息员工作的考评。

(3)负责本级装备维修信息原始数据和有关资料的储存保管,并对其安全性负责。

(4)结合本单位实际,多途径采集装备维修信息,积极开发维修信息资源,做好信息反馈与咨询服务工作。

(5)完成上级交办的其他装备维修信息管理工作任务。

营、连、车间的信息组长分别由本级主管装备工作的领导兼任。信息员由组长根据本单位工作需要选聘、考评和管理。

信息组长的基本职责是:组织领导本单位信息员业务培训及信息的收集、审核和上报工作,并对所提交信息的质量负责。

三、军事装备维修信息的安全保密和交流、考评

(一)装备维修信息的安全保密

装备维修信息的机密性很高,装备维修信息管理人员应十分重视信息的安全私保密工作。要列入装备维修信息管理工作的重要内容,要采取切实有效的措施,确保信息安全保密工作万无一失。

认真贯彻落实《中国人民解放军保密守则》和其他一系列安全保密的有关规定。强化岗位责任制,严格控制接触范围,实行专人、专室、专机、专柜、专档的"五专"管理办法。所收集和交换的信息及其涉密载体均应确定密级,并按相应的密级要求管理。

计算机机房,必须采取防电磁辐射技术安全措施,采用专用地线和电源线

路,安装干扰器和防病毒软件。在计算机通信网络安全条件不具备的情况下,绝对不准上网传送;严禁与军外计算机网络系统联网;各级数据网开通后,要严格执行上级有关数据传输和网络安全的规定和要求。

(二) 维修信息的交流、考评

为不断提高信息管理水平,各级信息组织应将技术交流纳入工作计划,适时组织信息工作的专题研讨和技术、经验交流活动,不定期转发信息技术工作的经验。

为推动装备维修信息管理工作健康发展,各级装备信息管理机构,要重视抓好对信息工作的检查和考评,将其纳入业务考评工作的重要内容。对在装备维修信息工作中做出贡献和完成任务突出的单位、个人,应给予奖励。

奖励以精神鼓励为主,物质鼓励为辅。对于完成任务不好、工作质量不高、责任心不强或造成严重后果的单位或个人,应给予批评并追究其责任。

第九章 军事装备维修人才管理

建设现代化国防,打赢信息化战争,关键要有现代化人才。未来的军事竞争,说到底是人才的竞争。人才是建军之本,任何一个门类、学科都把人才建设提到重要位置,高度重视,认真研究,加强建设。军事装备维修人才队伍,是军事装备维修保障的主体,是一支重要的人才队伍。对于形成和保持部队战斗力,实施全系统、全寿命装备管理,保证军事装备始终处于良好状态,保障部队遂行各种战斗任务均有举足轻重的作用。因此,做好军事装备维修人才管理工作,搞好军事装备维修人才队伍建设,对于提高军事装备维修保障能力具有极其重要的意义。

第一节 军事装备维修人才管理概述

军事装备维修人才,是指专门从事军事装备维修保障工作且具有厚实专业知识和较强工作能力的骨干力量。装备维修人才是实施装备维修保障管理活动的主体,是装备维修保障工作的骨干力量和具有决定意义的因素。装备维修人才管理,是指为造就一支整体素质优良、人才结构合理、管理机制完备的新型装备维修人才队伍而进行的人才建设、规划、科学培养、使用以及制定相应政策制度等一系列工作的统称。装备维修人才管理是一个系统工程,贯穿于整个装备维修人才建设的全过程,是科学规划、培养、使用装备维修人才的关键。

一、军事装备维修人才的要求

信息化战争条件下,装备维修保障的内容愈加复杂,装备的种类多、综合程度高、损坏机理新,装备维修难度增大,这对装备保障人才的综合素质提出了更高的要求。装备维修人才是装备维修工作的主体和关键,也是装备维修保障力量中最具有主动性、灵活性的基本要素。装备维修人才素质的高低,直接决定着装备维修工作的总体水平。只有高标准、严要求地培养和锻炼一大批能够站在装备维修工作一线的高素质人才,才能使装备维修在更高的起点上发展。装备维修人才的综合素质包括政治素质、专业技术素质和科学文化素质。

（一）政治素质

全面合格的政治素质,是崇高的理想信念、正确的人生价值观念、坚定的政治立场、高度的政治觉悟、较高的政策理论水平、严格的组织纪律观念、无私奉献的敬业精神等诸多方面的综合反映。保证政治上的合格,是我军装备维修人才素质的根本所在。只有具备马列主义的世界观,坚定的无产阶级政治立场和共产主义信念,崇高的敬业精神,献身军事装备事业的远大目标以及对工作高度负责的强烈事业心,才能在平凡的岗位上努力创造不平凡的业绩。现代战争中,现代战争的杀伤破坏性大,装备维修人才只有具备高度的政治觉悟、勇敢的精神和良好的工作作风,才能在恶劣的战争环境中保持高昂的热情,很好地完成装备维修任务,为装备形成二次战斗力发挥作用。

（二）专业技术素质

过硬的专业素质是装备维修人才在部队建功立业的根本,它不仅是履行职责、完成任务的基本条件,而且能够凝聚和吸引官兵力量,对于鼓舞和激励部队士气,实现高效管理具有十分重要的意义。装备维修人才的专业技术素质包括以下几个方面:

(1) 熟悉主要装备的结构原理;

(2) 熟悉装备的主要战术技术性能;

(3) 具有组织实施对装备进行维修保障训练的能力;

(4) 对装备维修工作有一定的预测能力。

现代战争战场环境复杂,装备维修难度增大,要求各级各类装备维修人员必须具备较宽的知识面及合理的知识结构,精通本职业务和专业,有较强的创新精神和创新能力,具有完成好本职任务和做出较大贡献的专业水平,能够在各种复杂的条件下完成好装备维护和修理任务,提高装备的完好率和出动率。

（三）科学文化素质

科学文化素质,指装备维修人才获取知识和运用知识解决问题的综合能力。具备较高的科学文化知识,是提高装备维修人才素质的必然要求。随着科学技术的发展,大量新技术、新装备不断涌现,我军军事装备不断更新,没有较高的科学文化素质,不懂得现代科学及其有关知识,就不能及时吸取当代科技发展的新知识。就难以更新自己的知识结构,更谈不上运用现代科学的系统知识和先进的手段去指导自己的工作实践。装备维修人才,既要有较深的基础文化知识和基础理论知识,又要有较强的专业知识和现代科学的系统知识;既能精通本职,又能触类旁通,熟悉相关学科。这样才能适应装备的发展需求,科学地维护好新装备,保证装备的战斗力生成。目前我军规定,从事装备维修工作的指挥军官、专业技术军官和文职干部,一般应当具有大学专科以上文化程度;专业士兵应当具有高中(中专)以上文化程度。各类装备维修保障专业人员任职前应当经过专门培训。

二、军事装备维修人才的种类与层次

装备维修人才蕴含于全体军事装备维修人员之中,是装备维修工作的骨干力量。装备维修工作的复杂性,决定了装备维修人才构成的多样性和层次性。为适应装备维修科学管理和及时保障的需要,必须建立分工明确、相互衔接的装备维修人才体系。装备维修人才队伍在横向上可以按工作职能进行分类;纵向上还可以按人才的能级高低区分层次。

(一)军事装备维修人才的种类

从装备维修人才的工作职能看,主要包括五大类:

(1)指技合一型的指挥人才,即各级装备保障指挥机关领导和综合计划(战技)部门的指挥人员;

(2)复合型的管理人才,包括各级装备保障指挥机关业务部门的人员和装备保障部(分)队领导等;

(3)专家型的装备维修人才,即从事装备维修保障工作的专业技术军官;

(4)行家型的装备维修士官,即各级装备保障部(分)队中负责装备保管、维护、修理、仓储的技术骨干;

(5)应用型的装备维修士兵。

(二)军事装备维修人才的层次

按照干部管理工作的习惯做法,可将装备维修人才按能级划分为高级人才、中级人才、初级人才三个层次。人才的层次同职务的层次既有区别又有联系。正常情况下担任高级职务的优秀装备维修工作者才能成为高级装备维修人才;担任中级职务和初级职务的优秀装备维修工作者才能成为中级和初级装备维修人才。为了使各级岗位的职务等级与任职干部的能级相适应,必须实行科学的人才考核和选用制度。

1. 初级装备维修人才

初级装备维修人才属于基础人才。通常,比较年轻、可塑性大,知识、才能处于发展阶段,具有不断分化和流动的特点。有的初级人才经过学习和实践,增长了才干,提高了素质,会很快升入中级装备维修人才的层次。由于各种主客观原因,也有些初级人才会离开装备维修人才队伍。

初级装备维修人才在装备工作中,通常担任基层部(分)队的装备维修中担任初级专业技术职务工作。他们所承担的是装备维修工作中较具体的,多为战术性、常规性的工作。但其中仍有很多技术性很强的难点问题,特别是对于高新技术装备的维修工作,会遇到很多新情况和新问题,不仅涉及的技术范围大,内容也很复杂。因此,初级装备维修人才的专业技术知识要比较牢固,对装备的性能、结构、技术状况应非常精通,并且有比较扎实的基本功。

2. 中级装备维修人才

中级装备维修人才在装备维修工作中,或是担任中层的指挥管理工作,或是在装备维修中担任中级专业技术职务工作。同初级装备维修人才相比,他们有更多的知识和经验,有更高素质。中级的指挥管理人才,在装备的维修管理与保障工作中,负责落实装备调配保障、日常管理、技术保障及战时保障等工作。他们能合理而高效地使用所掌管的物资和经费,能科学地组织部队的日常装备维修管理。中级的装备维修人才是装备维修工作重要的专业技术力量,是部队装备维修工作的技术骨干,不仅能合理提出维修方案,而且能组织实施维修保障及装备保障训练。一般说来,中级装备维修人才所承担的任务中,既有确定性的内容,也有不确定性的内容,要处理和解决的矛盾比较复杂。因此,中级装备维修人才都有较宽的知识面和较强的组织管理能力。

3. 高级装备维修人才

高级装备维修人才,指在装备维修工作中担任高级职务,并在装备维修工作的实践中做出了重要贡献的人才。高级指挥与管理人才在装备维修保障工作中,所承担的工作通常是全局性的,多属于战略或战役层次的问题,工作方法常常是非常规的。高级专业技术人才则属于专家型的专业技术干部,是装备维修中担任高级专业技术职务的优秀分子,他们对装备维修有着丰富的实践经验。高级装备维修人才则能熟练掌握武器装备使用与维修中的规律,根据战场环境的变化和科技的发展,能不断改进装备的使用与维护方法,保证装备的完好率和出动率。因此,高级专业技术人才需要承担前沿性和开创性的研究,善于开展技术创新活动。但是,无论是高级装备指挥管理人才,还是高级装备专业技术人才,他们的工作内容多是非程序性的,不仅涉及的范围广,而且是面向未来的,没有更多的经验可以借鉴。因此,他们对许多关键性的变量,以及变量间相互的作用都有很强的分析判断能力,勇于承担决策中的高风险。高级装备维修人才通常是既懂政治又懂军事,既懂组织管理又懂专业技术的复合型人才。

三、军事装备维修人才管理地位和作用

装备维修人才管理的基本任务,是科学地培养和使用装备维修人才,不断地满足装备维修工作对人才的数量、质量和类别的需求。人才管理是装备维修管理活动的核心,发挥人才的主观能动性是保持装备维修工作活力的源泉。在装备维修保障一系列管理活动中,不仅管理的主体是人,管理的客体也主要是人。任何高明的管理技术、管理手段、管理方法都必须通过装备维修人才,方可实现管理的科学化。

(一)装备维修人才管理是迎接世界知识军事革命挑战的需要

在世界军事历史进入知识军事革命新阶段以来,科学技术的每一次重大突破都会引发一次深刻的军事革命,推动军队建设产生一次巨大进步。高科技的发展,表面上是一种技术的竞争,而本质上却是人才的竞争;世界知识军事革命在一定程度上,可以说就是人的素质的革命。国内外的实践经验都表明,科学技术越发展,人的作用越突出。谁拥有更多高素质的人才,谁就能在军事竞争中获得优势和主动。因此,调整人才培养战略,加速培养大批高素质人才,已经成为当今世界各主要国家争夺世界军事竞争主动权的共同选择。我军要在这场竞争中取得主动,成为跨世纪的有影响的军队,保持和发展在国际上的重要地位,就必须抓紧培养一大批能够驾驭现代化武器装备的专门人才,壮大和增强国防实力。

(二)装备维修人才的管理是实现"打赢"的需要

未来战争将主要是现代高技术条件下的局部战争。随着大量高技术,如精确制导技术、新材料技术、信息技术、光电技术、计算机和网络技术等广泛运用于军事领域,武器装备日益呈现出信息化、智能化、一体化的趋势,高新技术武器装备将在战争中起着更加重要的作用。打赢未来高技术条件下的局部战争,人的因素仍然是第一位的,起决定作用的。新的形势新的任务,对军队官兵的素质提

出了更高的要求。新型武器装备种类的增多,高科技含量的增大,要求人才质量必须跟上去;装备维修保障人才素质的强弱决定着先进武器装备效能保持和恢复程度的高低,对未来作战有着至关重要的影响。因此,要实现"打赢"目标,突出抓好高素质装备维修人才的培养势在必行。

(三) 装备维修人才管理是武器装备不断更新换代的需要

目前,世界各主要国家争先恐后地把科学技术的最新成果运用于军事领域,研制新一代武器装备,使装备更新换代的步子越迈越大。世界军事发展趋势,既给我军建设带来了严峻挑战,也为我军武器装备实施"跨越式"发展提供了难得的机遇。在新的形势下,我军及时调整战略部署,不失时机地加强对外军事合作,在引进先进武器装备的同时,注重增强自身的"造血功能",使我军武器装备水平有了较大幅度的提高。近年来,一大批新型武器装备陆续配发部队,要想尽快熟悉和掌握这些武器装备,提高驾驭新装备的能力,培养高素质的装备维修人才刻不容缓。

第二节 军事装备维修人才规划

军事装备维修人才规划,是指在一定时期内对全面加强军事装备维修人才建设的目标、内容、方法、步骤和措施等的计划和安排。它反映了当前和未来军事装备维修人才建设的发展方向,体现了军事装备维修人才培养思想,规范着军事装备维修人才建设的具体活动,影响着整个军事装备维修人才培养目标的实现。

一、制定军事装备维修人才规划的基本依据

军事装备维修人才规划制定得科学与否,与制定规划的依据有着直接的因果关系。如果依据不科学,则制定出的人才规划很难符合实际需要。但依据不是一成不变的,而是随着历史条件发展变化而改变。就目前情况看,制定军事装备维修人才规划的基本依据主要有如下几方面。

(一) 未来战争对军事装备维修人才的需求

军事装备维修人才规划离不开战争需求的牵引作用。只有建立在对未来战争需要的科学分析和判断的基础上,军事装备维修人才规划才能有的放矢,培养

出适应未来战争需要的军事装备维修人才。对未来战争需求的科学分析和判断,主要包括以下内容:①对未来是否可能要发生战争,未来可能发生战争的规模、时间、方向等要有一个相对准确的判断;②对未来可能发生战争的性质、特点、技术特征等内容要进行科学分析;③对未来可能发生战争的基本作战样式、战场容量等内容要有一个科学合理的分析和判断。军事装备维修人才规划要根据这些分析和判断,制定出科学合理的人才规划方案。

(二) 军事装备发展对军事装备维修人才的需求

高新技术在军事领域的广泛运用,使得武器装备日益呈现出信息化、智能化、一体化的趋势。新型武器装备种类的增多,高科技含量的增大,要求人才质量必须跟上去。装备维修人才素质的强弱决定着先进武器装备效能保持和恢复程度的高低,对未来作战有着至关重要的影响。因此,必须科学预测军事装备的发展趋势,培养能够胜任高技术装备维修任务的维修人才。所以,制定军事装备维修人才规划,要以军事装备的发展对人才的需求为重要依据,在认真分析和科学预测需求的基础上,科学合理地确定军事装备维修人才的培养目标和数质量标准,以确保培养的人才符合军事装备发展对装备维修人才的需求。随着军事高新装备大量装备部队,军事装备对军事装备维修人才的数量和质量要求越来越高,故在制定军事装备维修人才培养计划时,应注重军事装备发展的特点以及对军事装备维修人才的牵引和培养要求。

(三) 我军装备维修人才建设的现状

军事装备维修人才的现状是军事装备维修人才建设的起点和基础,也是制定军事装备维修人才规划的重要依据。目前,装备维修人员的数量、素质、结构及人才培养能力等等,都是制定军事装备维修人才规划所必须充分考虑的重要因素。军事装备维修人才规划只有建立在客观现实的基础之上,才具有较强的可行性和操作性。同时,制定军事装备维修人才规划的立足点,要站在首先满足现实需要的基础上。着眼发展,是必要的和必须的,但从一定意义上讲,首先满足现实需要则更为迫切。因此,必须把立足现实摆在首位。军事装备维修人才建设的发展,是在现实基础上的发展。所以,如果片面地强调着眼发展而忽视现实需要,则必然导致军事装备维修人才规划脱离现实,无法扎实有效地推进装备维修人才的整体建设。

(四) 军事装备维修人才建设的特点和规律

军事装备维修人才队伍建设和发展过程,同其他客观事务一样,都有其特殊的表现形式和运动规律。军事装备维修保障技术性、专业性、系统性强,其人才建设周期长、投入大。制定军事装备维修人才规划一定要遵循和依据其规律,这样才能快出人才,出好人才。既要确立超前培养人才的观念,充分利用军事装备从科研生产到配发部队的"时间差",培养能够保障现代化装备的技术人才,超前储备人才,又要立足现状,首先满足部队急需的装备维修人才培养要求,解决部队的现实需要。同时,还要提高军事装备维修人才培养效益,人才预测、规划、培养、使用、配置等各环节上,把握人才培养的关节点,把培养与使用有机地结合起来,做到互相促进。

二、军事装备维修人才规划的主要内容

军事装备维修人才队伍是一个由多层次、多专业构成的庞大群体。作为客观反映这一复杂事物的装备维修人才规划的内容,应当相互衔接,彼此协调,完善配套。一个完整的军事装备维修人才规划体系,通常应当由各类具体规划构成。从时间构成上看,规划内容有长期规划、中期规划和短期规划;从纵向构成上看,应当包括全军规划、军区(军兵种)规划、部队规划等;从横向构成上看,应当包括陆军、海军、空军和二炮规划;从装备维修人才构成上看,应当包括专业技术军官人才规划、专业技术士官人才规划;从装备维修人才专业结构上看,应当包括指挥管理人才规划;从培养要素上看,应当包括人才培养规划、人才选拔规划、人才任用规划等。军事装备维修人才规划的内容,主要包括人才建设的指导思想、目标、途径、步骤、方法和相关要求等。在制定军事装备维修人才规划时,应着重明确三个总体性指标,即:一要确定人才的素质指标;二要确定需要人才的总量指标;三要确定具体建设进度的指标。有了军事装备维修人才规划,有利于事装备维修人才培养工作有章可循,有利于提高其培养工作的系统性、主动性、计划性,从而保证培养工作的顺利开展。

三、制定军事装备维修人才规划的方法与要求

制定军事装备维修人才规划,必须采取符合其客观规律与实际需要的方法。军事装备维修人才规划的制定,通常可分为四个阶段进行:一是准备阶段,主要是明确制定规划的要求,收集有关资料,进行调查研究等。二是拟制阶段,主要是按照有关规定和要求,在对有关资料进行全面研究、深入分析的基础上,有计划有步骤地进行拟制。三是论证阶段,主要是广泛征求意见,充分发扬民主,集

思广益,采取多种手段,进行反复论证。四是审批阶段,主要是认真审查,严格把关,集体决策,确保装备维修人才规划的质量。

为保证装备维修人才建设规划切实可行,制定军事装备维修人才建设规划时应当注意处理好下列几个关系:一是处理好各类人才建设规划之间的关系,既要防止相互脱节,更要防止相互矛盾;二是处理好人才培养数量与质量的关系,既要保证数量,更要保证质量;三是处理好人才培养的超前性与现实性的关系,既要适度超前,又要满足现实急需;四是处理好人才培养目标与培养能力的关系,既要在确定培养目标时充分考虑培养能力,又要注意通过提高培养能力来保证培养目标的实现。

第三节 军事装备维修人才培养

加强装备维修人才培养,造就一支高素质的装备维修人才队伍,是提高装备维修保障能力的基本前提。装备维修人才是装备技术保障活动的主体,是装备技术保障能力诸要素中最活跃、最有决定意义的因素。在现代条件下,装备越先进,编制体制越精干,对装备技术保障人员的要求越高。装备技术保障人员的政治素质、军事素质、科学文化素质、专业技术水平、组织指挥能力和管理能力,越来越成为实现装备保障现代化的关键。培养和造就大批现代装备维修人才,坚定地把人才培养放在装备维修保障建设的首位,是装备保障建设的一项重要战略任务。

装备维修人才培养,是指为造就一支高素质装备保障人才队伍而进行的人才选拔、培训、任用和管理等一系列工作的统称。人才的培养既是一个渐进的过程,又是一项十分复杂的系统工程。加快装备保障人才培养需要做多方面的工作,其中最重要的是建立和完善装备保障人才培养体系,不断更新装备保障人才的知识结构。

一、军事装备维修人才培养要求

装备维修人才培养要求,体现着装备维修人才培养的指导思想和原则,指导着装备维修人才培养规划计划的制定,影响着装备维修人才的任用,规范着装备维修人才的管理。信息化条件下局部战争,科技越发展、装备越先进,对装备保

第九章 军事装备维修人才管理

障人才培养的要求就越高。装备维修人才素质的高低、数量的多少和队伍结构的优劣,已经成为装备维修工作顺利开展的关键因素之一。我军装备维修人才培养的基本要求是:个体素质高,群体结构优,人才数量足。

(一)装备维修人才个体素质高

装备维修领域是一个知识密集、技术密集的领域,它对装备维修人才的个体素质提出了很高的要求。装备维修人才的个体素质主要包括政治素质、信息素质、专业素质和身心素质。在政治素质方面,装备维修人才应当具有马克思主义世界观和科学发展观,崇高的敬业精神,对工作高度负责的强烈事业心,能够正确把握装备维修建设的正确方向。在信息素质方面,在专业素质方面,装备维修人才应当具备较宽的知识面及合理的知识结构,精通本职专业,富有创新精神和创新能力,具有完成本职任务和做出较大贡献所必备的工作水平。具体来讲,不同专业、不同层次的装备维修人才,应当具备的专业素质的侧重点也不相同。指挥人才应当突出综合能力,管理人才应当突出专业管理能力,科研人才应当突出创新能力,教育训练人才应当突出教学能力。在身心素质方面,装备维修人才应当具备在平战时各种复杂条件下完成繁重工作任务所需要的强健体魄、旺盛的精力、持久的耐力。同时,应当具备健康的心理素质,有战胜任何艰难困苦的顽强毅力和坚强信念,经得起复杂环境的严峻考验。

(二)装备保障人才群体结构优

装备维修人才的群体结构,是指装备维修人才队伍构成中各类人才个体之间的组合方式及所占比例。主要包括专业结构、层次结构、年龄结构、职称结构、官兵比例结构、军官与文职干部比例结构等。就专业结构而言,各类装备维修人才,在各专业横向分布上要合理,在纵向层次分布上也要合理。就年龄结构而言,装备维修人才队伍的总体结构,应当形成老、中、青梯次配备的稳定型结构,而且比例应当合理。就职称结构而言,具有高级、中级、初级技术职称的装备保障人才,在各专业、各层次上也应当成"正梯形"或"正三角形"结构,这样才符合逐级晋升、优胜劣汰的规律。无论是年龄结构还是职称结构,通常情况下,越是基层单位或科技含量相对较低的单位,越应当以"三角形"结构为主,即具有初级职称的和年轻的人才所占比例越大;越是科技含量较高的单位,越应以"正梯形"为主,即具有高级职称的和中老年人才所占比例应适当大一些。

(三)装备维修人才数量足

装备维修人才的数量应当全面满足装备维修领导与指挥、建设与保障、训练与科研等各种需要,并保持一定数量的人才储备。装备维修人才队伍建设,仅仅达到了个体素质高、群体结构优的要求是不够的;如果人才数量不足,也难以担当起装备维修建设、管理和保障等繁重任务。从一定程度上讲,如果没有足够的装备维修人才数量,也就没有完全意义上的装备维修人才培养质量。实现国防现代化和军队现代化,需要大批的装备维修人才。从装备维修人才培养现状看,缺乏高素质的装备维修人才,已经成为制约装备现代化发展、管理和保障的"瓶颈"。由于装备维修人才的科技知识含量和培养成本比较高,培养周期比较长等原因,解决高素质装备维修人才供不应求问题,必须从多方面进行努力。

二、军事装备维修人才培养目标

随着武器装备和装备保障系统的发展,需要不同层次、不同类型、不同专长的装备保障人才,更需要规模合理、结构科学的装备维修人才群体。装备维修人才培养,既要保证人才质量,又要保证人才数量,从而使装备维修人才能够满足装备维修领导与指挥、建设与保障、训练与科研等各种需要,形成素质优良、结构合理、实力雄厚的人才群体。具体地讲,我军装备维修人才培养的基本目标为:培养和造就一大批政治立场坚定、具备现代科学文化和装备维修理论知识、适应军队装备维修建设长远发展和未来信息化条件下局部战争要求的装备维修人才,特别是综合素质强、业务能力精、会指挥、懂技术、善管理的装备维修指挥人才、管理人才、专业技术人才和科研教育人才,努力建设一支个体素质高、群体结构优、人才数量足的装备维修人才队伍。

(一)培养和造就一支复合型的装备维修指挥人才队伍

装备维修指挥人才大都处于一定的领导层次和支配地位,只有具备广博的知识和多方面的综合能力,才能履行好各自职能。高新技术在装备保障领域的广泛应用,要求各级装备维修指挥员,不仅要具备一定深度的专业基础理论知识和相当的军事理论知识,而且要着眼新技术、新装备的应用和发展,掌握新技术的应用技能。装备维修指挥人才,应当精通装备保障理论,善于宏观谋划,熟悉信息技术,具有"指技合一"的知识结构和高水平的组织指挥能力,能够担负起平时装备维修建设的领导工作、战时装备维修的组织指挥工作。当前,应当尽快培养和造就一支具有战略眼光,能够把握世界军事发展趋势、具有较强的军事素质、精通现代装备保障理论、懂得信息化条件下局部战争装备维修指挥和信息化军队装备维修建设的复合型装备维修指挥人才队伍。

（二）培养和造就一支专家型的装备维修管理人才队伍

高新技术装备的不断涌现,对装备维修管理提出了更高的要求,对装备维修管理人才的要求也越来越高。装备维修管理人才,应当精通本职业务,熟悉信息技术,能熟练地运用现代军事管理技术和手段,对所属部队及其保障设施、设备、物资器材实施科学有效的管理,能够担负起对本专业、本单位装备维修建设的协调和统一管理责任;特别是能熟练地组织协调平战时的各项装备维修管理工作,能高效地进行计划、组织、指挥、协调和控制各项装备维修活动,不断提高装备维修部(分)队战备水平。当前,应当尽快培养和造就一支具有较高科学文化素养和全面军事素质,能宏观把握和具体组织新时期军队装备维修建设和管理工作的专家型装备保障管理人才队伍。

（三）培养和造就一支创造型的装备维修科研教育人才队伍

信息化条件下局部战争和信息化军队建设,需要大量的专业技术精、学术造诣深、创新能力强高素质的装备保障科研教育人才。装备保障科研教育人才,应当具有扎实的装备保障基础理论和系统的装备保障专业知识、较强的科研教学能力和创新能力、较大的发展潜力,具有高深的科技水平,能够担负起装备保障领域的科技攻关、教学和辅助决策任务。当前,应当尽快培养和造就一支能够站在科学前沿,组织谋划军队装备维修创新发展、科研攻关和实施教育的创造型装备维修科研教育人才队伍。

（四）培养和造就一支多能型的装备维修专业技术人才队伍

随着高新技术装备的增多,装备维修各专业技术复杂程度增高,对装备维修专业技术人才的要求越来越高,这就要求装备维修专业技术人才必须具有较高的专业技术水平,能够在各种复杂的条件下完成好装备维修任务。当前,应当尽快培养和造就一支具有很强的专业素质和操作技能,精通各种高新技术装备,能够熟练掌握装备维修设备、解决复杂难题的装备维修专业技术人才队伍。

三、军事装备维修人才培养体系

装备维修人才培养体系,是由装备维修人才培养机构、培养对象、培养制度、培养方法等要素构成的有机整体。由于世界各国的国防体制、文化教育水平、军事训练体制和装备维修机构编制等方面的差异,其装备维修人才培养体系也不尽相同。我军装备维修人才培养体系,由军队院校系统、机关和部队系统、预备役系统、地方培训系统构成。

（一）军队院校系统

军队院校是和平时期培养装备维修人才的主要机构。军队院校教育是培养装备维修人才的基本途径，具有系统性、稳定性、延续性、规范性和定向性等特点，有着其他系统不可替代的作用。培养装备维修人才的军队院校，从培养对象的层次上讲，由高级院校、中级院校和初级院校构成；从培养对象的工作性质上讲，由指挥院校、专业技术院校、指挥与技术合一的综合性院校构成；从培养对象在军兵种的分布上讲，由培养陆军、海军、空军、第二炮兵装备维修人才的军队院校构成。军队装备院校和其他院校装备专业系（院、队），按照分工分别担负装备维修指挥人才、管理人才、科研人才、保障人才、教育训练人才等各类人才的培养任务。当前，应当着眼信息化条件下局部战争装备维修需求，整体规划，合理确定军队院校装备维修人才培训内容、培训目标和培训层次，科学区分各类装备院校的规模和任务，逐步完善装备维修专业军官初、中、高三级培训体制，以及装备维修专业技术士兵培训体制。

（二）机关和部队系统

从事装备维修工作的人员，除了进院校学习外，大部分时间都工作在机关或部队等各自的岗位上。因此，通过工作实践和部队训练来提高其素质，就成了培养装备维修人才的又一条重要途径。换言之，机关和部队也是培养装备维修人才的一个重要系统。我军的各级机关和部队装备维修人员训练，不仅层次多，而且方式也比较多。主要包括：单兵基础训练，装备维修部（分）队按照建制单位或编组进行的群体协作性训练，战术层次的装备保障部门首长、机关或带保障部（分）队的综合性训练；战役层次的装备保障部门首长、机关或带保障部（分）队的训练等。机关和部队装备维修人才培养，应当广泛组织函授、集训和在职自学、岗位练兵等活动，使院校教育与在职培训有机结合起来。

（三）预备役系统

预备役系统主要是指以预备役人员为基础，现役军人为骨干，按照规定的编制组成的师级以下部队。另外，还包括依法进行预备役登记后尚未编入预备役部队的人员。在我国的预备役人员中，有一些是在服役期间从事装备维修工作的人员。他们是预备役系统培训装备维修人才的专业技术骨干。预备役系统的装备维修专业训练，在省军区（卫戍区、警备区）领导下，在地方政府有关部门的配合下，由预备役师（旅）、团首长和机关具体组织实施，有关现役部队的装备维修部门给予必要的指导和帮助。对于尚未编入预备役部队的预备役人员的装备维修专业训练,主要由人武部和当地政府有关部门共同组织实施。预备役装备维修人员的训练,主要采取短期集训和以工代训等方式,并可参加现役部队装备维修演习等。当前,我国预备役系统中的装备保障体系尚不完善,应当从体制编制上建立健全预备役部队装备保障指挥机关及其保障分队,还应当建立独立的预备役装备维修部队,以便在预备役系统中形成完整配套的装备维修体系。

(四)地方培训系统

依托地方培训系统培养装备维修人才,是一条投入较少、效益较高的军事人才培养路子,并且已经成为许多国家军队的选择。为充分发挥社会技术资源和人才优势,我军应当加大从地方院校、企业和科研机构引进人才和依托地方培训人才的力度,实现部队自训和社会培养的有机结合。凡是地方能够培训的专业技术干部和部分士官均可由地方负责培训,建立军地结合的培训机制,走社会化培养道路。对于军民通用性强的装备维修人才,应当逐步实现从部分到全部由地方院校培养,军队可从地方院校、企业和科研机构中择优选调。对于高新技术装备维修人才,可采取超前介入、跟岗见学、参与试验、驻厂学习等方法超前培养。对于特殊的装备维修人才,应当有计划、有步骤地委托地方院校、企业和科研机构代培。对于部分引进装备的技术保障人员,还可送到国外去考察、学习和深造,以充分利用国外的技术资源。

四、军事装备维修人才培养内容

装备维修人才培养内容,是指装备维修人才应当掌握的知识、技能和应当具备的品质等。培养内容的构成状况,应当在一定程度上反映所培养人才的知识结构及总体素质。随着新军事变革的深入发展,迫切需要改善装备维修人才的知识结构,提高科学文化水平,更新专业技术知识,从而增强其综合素质,以适应信息化条件下局部战争装备维修的需要。因此,科学设置培养内容,对于培养高素质的装备维修人才具有非常重要的作用。

(一)装备维修人才培养内容的设置要求

1. 要有鲜明的时代特征

装备维修人才培养内容,应当随着战争和装备的发展而发展。科学技术和装备维修建设的发展推动着装备维修理论的变革,而装备维修理论的变革又加速了装备维修建设的发展。这就从客观上要求装备维修人才的培养内容必须与时代的发展同步,并适度超前。具体地讲,装备维修人才培养内容的设置,应当把一般科技知识学习与高科技知识学习相结合,并突出高科技知识的学习;把传统的装备维修技能训练与现代装备维修技能训练相结合,并突出现代装备维修技能训练,从而使装备维修人才的培养内容充分体现时代特征,符合信息化条件下局部战争对装备维修发展的要求。

2. 要有很强的适应性

装备维修人才培养受诸多因素的制约,其内容设置必须与有关因素相适应。

(1) 必须与信息化条件下局部战争对装备维修的要求相适应。在不同的历史时期,不同的战争形态、作战方式和规模对装备维修人才培养内容的要求也不相同。因此,必须根据信息化条件下局部战争的具体要求来设置培养内容。

(2) 必须与装备维修人才培养的目标相适应。装备维修人才的培养目标,对装备维修人才的培养内容具有指导性和规定性。只有培养内容符合培养目标的要求,才能保证培养目标的实现。

3. 要突出装备维修的专业性

在整个军事系统中,装备维修系统是一个专业性很强、相对独立的子系统。因此,装备维修人才培养内容的设置,必须充分体现装备维修的专业性,突出人才培养的专业性特点。应当针对装备维修系统专业多、层次多的实际情况,具体设置各专业、各层次人才的培养内容,从而形成一个专业门类齐全、专业个性突出、各层次内容分明的装备维修人才培养内容体系。

4. 要有适度的综合性

信息化军队建设和信息化条件下局部战争,不仅要求装备维修人才的素质具有很强的专业性,而且要求具有一定的综合性。因此,装备维修人才培养内容的设置,应当注意专业性与综合性的紧密结合。例如,把相关的军事训练内容、科学文化知识等与装备维修专业内容融为一体;把装备维修专业中相关专业、相关层次的内容与本专业、本层次的内容有机地结合起来。但是,装备维修人才培养内容设置上的综合性是有限的,应当在突出本专业和本层次内容的前提下,本着需要与可能相一致的原则,适度拓宽或增加一些密切相关的内容。

(二) 装备维修人才培养内容的基本构成

装备维修人才群体是一个由多专业、多层次构成的复杂群体。不同层次、不同专业装备维修人才的具体培养内容差别很大。但从宏观上看,其培养内容大体上由下列几部分构成。

1. 思想政治教育

装备维修人才培养,必须把思想政治教育摆在首要位置。这是确保装备维修人才政治合格的根本措施。加强思想政治教育的目的,就是要使装备维修人才具有坚定的政治立场,保持正确的政治方向,发扬无私奉献的革命精神,养成良好的职业道德,以出色地完成本职任务。

2. 科学文化知识

科学文化知识是装备维修人才成长的必备基础。在科学技术飞速发展的当今时代,知识更新越来越快,学习和掌握先进的科学文化知识,对于装备维修专业人员就显得更为重要。只有打牢科学文化基础,才能为学习和掌握先进的专业技能创造良好的条件。因此,培养装备维修人才,必须加强科学文化知识教育。对于科学文化知识的学习,应当按照急用先学和循序渐进相结合的原则,根据需要进行合理选择,逐步拓宽。

3. 军事基础知识和技能

装备维修人才应当首先是具备一定军事素质的合格军人。因此,必须学习基本的军事知识,掌握基本的战术技术技能。例如,学习有关条令、条例,加强组织纪律性,培养良好的作风;进行军事体育和心理训练,增强装备维修人才的身体素质和心理素质;掌握一般的军事技术和战术,提高组织装备维修指挥机关和装备维修部(分)队防卫作战的能力等。

4. 装备维修专业知识和技能

装备维修人才培养,必须把装备维修专业知识和技能作为主体内容。所设置的装备维修专业内容科学与否,以及时间上所占比例是否合理,在较大程度上决定着装备维修人才素质的高低。就整个装备维修专业内容设置而言,应当包括专业理论知识和应用技能;就每个专业而言,应当以本专业的理论知识、操作技能和专业勤务为主,还应当设置相关的专业知识和技能;就某个层次而言,应当以本级的专业理论和技能为主,还应当设置相邻层次的专业理论和技能。

第四节　军事装备维修人才考核

现代化、正规化的装备维修人才管理,必须首先建立严格的考核制度。考核的科学化、规范化,是发现和选拔优秀装备维修人才的前提条件。

一、军事装备维修人才考核的作用

装备维修人才的考核,对人才的选用、专业技术职务的评定以及人才的培养都有重要的意义。

(一) 装备维修人才考核是装备维修人才管理科学化的重要环节

科学的考核能够对各类装备维修人才的政治素质、工作成绩、工作能力、专业技术水平及工作态度做出全面公正的评价。为解决人才的晋升、奖惩、使用、培训、待遇等提供了可靠的依据。考核工作是与装备维修人才管理的其他各个环节紧密相联的,它是实现目标管理的基础,也是执行岗位责任制的可靠保证。在岗位责任制中,责任制、考核制和奖惩制是密不可分又相互制约的三个环节。其中,考核是承上启下的中心环节,是连接责任制和奖惩制的纽带和桥梁。没有严格的考核,奖惩就不能正确实施,岗位责任制及任何目标管理的方法都将流于形式。

(二) 装备维修人才考核是激励各类装备维修人才的有效措施

坚持正常的考核制度,根据考核结果对装备维修人才进行选用、培训和合理的奖惩,加之与专业技术职务及待遇紧密联系,就可以达到鼓励先进,鞭策后进的目的,营造一种良好的竞争环境。这对于激发广大装备维修人才队伍的工作积极性,增强装备工作中的责任感和创新意识,提高工作效率和工作质量有着巨大的推动作用。

(三) 装备维修人才考核是发现和选拔优秀人才的重要依据

有正确而科学的考核制度,才能实事求是和公正地评价装备维修人才成绩和工作能力,才能正确地对各类各层次人才进行客观的鉴定。通过考核,才能发现每位人才的长处和短处,并使其长处得以发展,短处得以克服。在选用中达到扬长避短,人尽其才的目的。

(四) 装备维修人才考核是提高人才培训针对性的主要参考

通过考核,能全面了解装备维修人才的德才情况及发展潜力,对装备维修人才的指挥管理水平、学术水平、专业技术能力及智能状况有了具体的了解。这不仅可以发现人才个体的优势,也找到了弱点差距,有利于掌握人才个体的才能生长点与成长趋势。进行针对性地培养,有利于提高人才培养的成才率。

二、军事装备维修人才考核的原则

不同类型的装备维修人才,由于岗位的工作性质不同,考核的具体内容与方法会有不同,但考核的基本原则却是一致的。

(一)全面考核、注重实绩

德、才、绩是考核中不可分割的三个组成部分。在全面考核的基础上,又要把实绩当作考核的主要依据。因为,实绩是德才的综合体现,一般来说若仅有对装备维修工作的事业心,不具备一定的专业知识和实际工作,就不可能取得突出的工作成绩。因此,在考核中要着重考核对象能否在装备工作中,创造性地、卓有成效地履行岗位职责,以工作成效来评定其能力、水平和工作态度。

(二)区分类型、依据职责

不同类型的装备维修人才应有不同的考核要素,同类型不同层次装备维修人才也应有不同的标准,其基本依据是岗位的职责。依据职责,确定不同的素质结构。在考核中,不同类型的装备维修人才有不同的考核重点。比如,对指挥管理人才,要着重于考核其政策水平,指挥决策和管理能力,开创装备维修工作新局面的能力及复杂工作环境下的协调能力等。对于使用和保障人才,则应重点考核其操作使用及维修的技能,在装备训练及维修方法中的革新能力等。

(三)力求客观、避免失真

考核的质量,首先取决于结论的真实性。为了不失真,考核的程序必须严格,坚持个人、领导、群众三结合的考核方法,避免少数人说了算。人才评价要坚持辩证的分析,既看长处,也看不足,不陷入盲目性;既看主观因素,又看客观环境,不陷入绝对化。对人才评价还要看主流,看本质,不被表面现象左右。装备工作是一项复杂的集体性工作,个人的工作总是与集体融合在一起的,对其评价要以工作中所付出的代价与贡献为主要依据。实事求是,恰如其分,不因其职务高、资历深而夸大成绩,也不因其职务低、资历浅而缩小成绩。在重视人才现实表现的同时,还要认真分析其成长发展的趋势。

（四）区分阶段、保持连续

人才考核是一项长期性工作,不能只看一时一事,必须作全面的、历史的考察。为了有步骤地实施考核并对考核结果进行积累,要不间断地进行阶段考核。阶段考核可分为年度考核和重要工作后的考核。通过对历次阶段考核的数据资料进行综合分析,就能得出较为全面和准确的评价结论。

三、军事装备维修人才考核的方法

考核应当采取定性与定量相结合的方法。定性考核虽是传统的方法,但目前仍有广泛的基础和合理性。定量考核的内容较直观、具体,而且比定性考核科学。但有些项目,如政治素质,思想品德的考核很难直接确定量标,难以用定量方法考核。因此,对装备维修人才的全面考核,应采取定性和定量相结合的方法,通过互相补充、取长补短,使考核更加完善可靠。

（一）定性考核法

定性考核法通常是通过领导、群众和本人三结合的方法,对人才表现和工作中的实绩进行综合评定。通常,先由个人对自己德、能、勤、绩进行全面的评价,然后由群众针对其总结进行,再由主管考核人员写出评语,最后组织按照考核标准确定。这种考核方法直观性强,比较容易操作。但是,它的评价采用语言的等级为度量标准的,不容易具体,而且受考核者也受个人素质和主观认识的影响较大,容易产生主观随意性和盲目。如果考核者素质不高,经验不足,判断分析能力不强,知识面窄,则考核结果就会有很大误差。此外,考核结论也难以用计算机等现代化手段进行处理,无法用于解决人才管理的各种优化问题。

（二）定量考核法

定量考核有明确的量化指标,并且可依据指标体系对装备进行多层次、多角度、多侧面地测评,考核用数值作为度量,比较规范,能够被人才信息库储存并进行数据处理。定量的实施比定性考核复杂,首先,它需要足够的考评数据,包括量登记、成果登记、日常工作评分考绩等;其次,要有一套完整科学的考评方法,才能够对积累的数据进行恰当的处理。定量考核必须有现代化的管理手段支持,要有一个有效的信息管理系统。

（三）定量与定性相结合的实施

定量与定性相结合的考核方法,指的是在定性考核的基础用一些定量分析的方法进行考核。为此,需要做好许多细基础性工作,如考核对象的工作情况记录、工作成绩记录、政治思想表现记录等。

1. 建立考核指标体系

考核是根据人才的德、才、绩三个方面进行的。德的考核主要采取定性考核办法,然后开展才与绩的定量考核。为了能够进行定量分析,必须做好以下两项工作。

(1) 要把才与绩,细化为若干指标要素。例如分为工作能力、工作成绩、知识与技术水平、工作态度等。这些指标要素根据工作的性质又可进一步细化为若干子要素。如工作能力又可细化为:指挥管理能力、组织能力、研究能力、设计能力、革新能力、表达能力、解决实际问题能力等;工作成绩可细化为:完成重大任务中的作用与贡献、岗位工作的工作量及质量等;知识与技术水平可细化为指挥管理及专业技术知识水平,对维修新技术、新管理技术的掌握程度、学术水平、技能水平等;工作态度则可细化为:勤奋程度、事业心、负责精神、工作的积极性等在建立各类、各层次人才的考核指标体系时,还要根据其工作特点,有所侧重、有所区别。

(2) 对指标体系的要素作加权处理。由于每个指标要素对于整个考核的总体效果来说,地位和作用有所区别。所以,各要素在考核体系中,应占有不同的分量和比重。这就需要对每一项要素给出不同的比重系数。

2. 评定划等

对每一要素的具体评价,是按等级区分的,如分为"优秀"、"良好"、"一般"、"较差"四等。为进一步细化,每个等级还可给出得分的幅度。然后再根据每项考核内容的权重,进行加权计算。最后将各要素加权后的得分相加得出总分,存入人才信息库。通过量化考核标准的方法,可以把对各类装备维修人才的要求具体化,使评估更为直观准确、优劣分明。

第五节 军事装备维修人才选用

一、军事装备维修人才的选拔

选拔装备维修器人才,通常包括选拔培养对象和选拔任用对象两个方面的含义。选拔培养对象,就是按照装备维修人才培养规划和培养目标等要求,选拔有培养价值和培养前途的人员。选拔任用对象,主要是按照有关要求和装备维修保障的需要,从培养对象中择优选拔提升使用对象或调任对象。选拔装备维修人才是培养和任用人才的重要前提,如果培养对象选不准,则难以将其培养成才。如果任用对象选不准,就可能影响到装备维修人才队伍建设目标的实现。因此,做好人才选准配强工作是保持装备维修人才队伍生命力的关键环节。要做到正确地选拔装备维修人才,不仅要有正确的时标准,还要采取科学的选才方式选拔装备维修人才的标准,是衡量装备维修人才的尺度和准则。从总体上讲,选拔装备维修人才要始终坚持德才兼备、政治标准第一的原则,切实把那些政治可靠,立场坚定,忠于党、忠于人民、忠于国家、忠于社会主义的德才兼备的装备维修人才选拔出来。因此,不同层次、不同专业的装备维修人才的选拔标准会有所不同。

选拔装备维修人才的方法,是指选拔装备维修人才的具体方式、方法及相关的程序。选拔人才的方法是否科学,在很大程度上决定着选拔装备维修人才的正确性,制约着装备维修人才选拔工作的质量。选拔装备维修人才的方法有多种,如工作标准衡量法、成果鉴定法、民意测验法、代表人物比较法等。

二、军事装备维修人才的使用

充分发挥装备维修人才的使用效益,对促进装备维修保障及全面提高部队装备建设水平有着极其重要的意义。要使装备维修人才充分发挥作用,重要的是各级领导能否为他们创造施展才华的条件。只有给他们有利的条件、合适的机会,就能在装备维修的舞台上显身手,做出更大的贡献。

(1) 要充分发挥装备维修人才的技术优势。装备维修人才是装备维修保障工作中的人才群体,具有很强的技术。在部队执行重大任务和新装备形成战斗力、保障力的过程中,要坚持把各专业的装备维修人才组织起来,放到作战训练、装备保障的第一线,使他们有用武之地。

(2) 要充分发挥装备维修人才在科技练兵过程中的导向作用。要积极组织装备维修人才着眼"打赢"需要,深入开展与所担负的装备维修任务相适应的作战理论和作战运用问题研究,大力推进装备维修保养的科研革新工作,努力解决在装备维修过程中的难题,提高部队的战斗力。

(3) 充分发挥装备维修人才的参谋和助手作用。装备维修是部队装备保持和恢复战斗力的物质基础,解决好装备维修保障中所遇到的各种问题,是提高部队战斗力的重要因素。各级党委、领导要在部队建设和装备维修保障过程中,自觉坚持走群众路线,充分听取本级装备维修保障人才的意见,建立健全与装备维修保障人才的联系制度,建立健全装备维修保障人才参与重大问题研究论证的制度,对凡是涉及部队全局的重大问题和建设方案,都应组织装备维修保障人才参与论证,形成科学决策的总体优势。

(4)要充分发挥装备维修人才的示范引导作用。要通过举办各种装备维修培训班、新知识讲座、学术研讨会、编写装备维修新知识教材等形式,利用部队演习训练、装备修理等机会,发动装备维修保障人才向广大官兵传授和推广思想、新知识、新技术、新方法,以促进部队科技的进步。

第十章 军事装备维修保障效能评估

军事装备维修保障效能评估,是指对军事装备维修保障系统遂行装备维修保障任务的能力和有效程度进行的评价和估算。评价,是对装备维修保障系统结构进行的综合分析;估算,是对装备维修保障系统要素进行的有关数量计算。科学组织实施装备维修保障效能评估,对于不断推进装备维修保障建设发展具有重要意义。

第一节 军事装备维修保障效能评估概述

装备维修保障效能,是在特定的条件下装备维修保障系统执行规定维修保障任务的能力和达到预期目的的程度。装备维修保障效能评估是主观思维与工程技术紧密结合的产物,主要包括事前评估、过程中评估和事后评估。装备维修保障事前评估,有利于优化装备维修保障体系,完善装备维修保障活动准备;装备维修保障过程中评估,有利于纠正装备维修保障活动中产生的偏差,确保装备维修保障活动的顺利实施;装备维修保障事后评估,有利于指导新的装备维修保障活动的开展、管理和改进。

一、军事装备维修保障效能评估的任务

(一)估算装备维修保障能力

装备维修保障能力是人员、装备、技术、体制等装备维修保障诸要素构成的整体所具有的功能,但不是诸要素功能简单相加的总和。具体保障要素的功能通常可以直接测量,但装备维修保障系统的整体保障能力不能直接测量。估算装备维修保障能力,就是要在保障要素和整体之间建立一座桥梁,通过一定的计算模型来近似反映和综合度量装备维修保障系统的整体保障能力。

(二)评价装备维修保障"三效"

评价装备维修保障主要围绕三项核心内容进行,即效果、效率和效益,简称

"三效"。评价装备维修保障"三效",就是要运用科学的方法评定和度量装备维修保障所发挥或能够发挥的效果、效率和效益,并分析其优点和不足。如果在保障活动发生之前实施评价,就是对保障活动的预测;如果在保障活动发生之后实施评价,就是对装备维修保障既有事实的核查和科学分析总结。

(三)辅助装备维修保障决策

帮助装备首长和机关及时掌握关键信息,以便实施装备维修保障方案的优选,定下装备维修保障决心。这里所指的关键信息,是指总体装备维修保障能力、能力与任务的适应程度,以及存在的薄弱环节、不确定性和风险等信息,并非指所有重要的信息。提供这些关键信息,是降低决策的难度,减少决策随意性和失误的需要。

二、军事装备维修保障效能评估的目的

对装备维修保障效能进行评估,最根本的目的是提高装备维修保障系统的运行效能。对不同阶段的装备维修保障效能进行评估,可以达成不同的目的。从总体上看,装备维修保障效能评估的目的包括以下五个方面。

(一)完善装备维修保障体制

科学合理的装备维修保障体制,对于提高装备维修保障能力,全面、及时、不间断地对部队实施各项装备维修保障有着重要的作用。装备维修保障体制只有在运行实践中才会暴露出问题,也只有通过对装备维修保障的效能进行评估,才能及时、客观、准确地发现现行装备维修保障体制中存在的一些问题,找出解决问题的思路和办法,从而进一步完善装备维修保障体制。

(二)健全装备维修保障组织体系

装备维修保障组织系统,对装备维修保障活动的有效性具有重要影响。装备维修保障组织体系的构成是否合理,对装备维修保障系统的效能、行动的效能、指挥的效能的发挥有着重要作用。因此,对装备维修保障效能进行评估,可以找出装备维修保障组织体系中存在的问题,并加以改进,建立健全不同作战条件下装备维修保障组织体系,确保装备维修保障活动的顺利进行。

(三)规范装备维修保障活动

装备维修保障是通过一系列的装备维修保障活动来实现的。在由诸要素构成的装备维修保障整体系统中,这些活动开展的情况如何,是否有效完成了任务,直接影响到装备维修保障的效能。因此,通过对装备维修保障效能进行评

估,可以有效地排除装备维修保障活动中不合理的成分,并找出解决问题的办法,使装备维修保障活动不断规范化、科学化,符合装备维修保障的客观要求,使装备维修保障效能得到充分发挥。

(四) 满足装备维修保障需求

装备维修保障直接服务于作战和其他军事行动,核心是充分、有效地满足军队作战对装备维修保障的需求。在现代技术特别是信息化条件下的局部战争中,装备维修保障效能的高低将会制约各种装备功能的充分发挥。因此,通过对装备维修保障效能进行评估,可以发现并不断优化影响装备维修保障效果、效率和效益的各种主观、客观因素,更好地为作战和其他军事行动服务。

(五) 深化装备维修保障理论

理论是行动的先导,理论高于实践又来源于实践,只有将理论与实践有机结合,才能保证行动的正确方向。通过对不同装备维修保障实践的评估,总结装备维修保障的经验教训,将不断深化对装备维修保障特点、规律的认识,从而促进装备维修保障理论的不断深化。

三、军事装备维修保障效能评估的作用

(一) 评估设计的导向作用

通过装备维修保障效能评估的设计,将装备维修保障系统的构成用相互联系的指标体系体现,使装备维修保障系统的每一要素和保障流程的每一环节都得到应有的重视。赋予地位高、作用大、急需发展的指标比较高的权重,引导部队以此为重点加大人才、技术以及财力、物力的投入。

(二) 评估实施的监督作用

实施装备维修保障效能评估的过程,对于既定的装备维修保障规定和做法,具有检查和监督作用。特别是在装备维修保障过程中实施跟踪评估时,一旦发现有明显违背规定的行为和不科学的做法,要立即提醒和报告有关上级的责任,以避免更大的失误。

(三) 评估结果的判断作用

综合评估的结果就是对装备维修保障效能的综合量化反映,从而判断能否满足一定的装备维修保障需要,并评价装备维修保障建设的成绩。评估也能够对单项装备维修保障做法给出合理的判断,判断其能力和有效程度。当然,科学的评估结果都是在一定假设条件下得出的,必须注意在合理的范围内推广和

使用。

（四）评估分析的诊断作用

一方面，可由装备维修保障过程中已经显露的现实问题出发，运用评估系统所构建的模型进行分析，找到现实问题的内在原因，帮助提出弥补的措施。另一方面，也可从评估结论中的不足出发，在排除评估系统本身的误差基础上，深入分析装备维修保障效能尚未显现的不足，并帮助提出完善措施。

（五）评估反馈的调节作用

评估的直接成果就是得到科学、可信的评估信息，通过及时向决策机关反馈这些信息，可以有效调节装备维修保障活动。不同的装备维修保障效能评估方式，其反馈与调节作用有一定差别。例如事前评估、过程中评估和事后评估的区别在于对实现反馈调节的时间不同，分别位于装备维修保障实施之前、之中和之后；事后评估不能对已经结束的装备维修保障活动产生影响，但其经验总结可对后续保障活动提供指导。综合评估与单项评估的区别在于对提供信息的丰富程度有差别，显然前者提供的信息更全面，但所需时间更长、实施难度更大。

四、军事装备维修保障效能评估的要求

装备维修保障效能评估是系统性、技术性、实践性很强的一种活动，为保证评估的科学性与准确性，开展装备维修保障效能评估应当遵循以下要求。

（一）以保障力为标准

始终围绕平时和战时的实际需要组织实施装备维修保障效能评估，查找与部队实际需要存在的差距。按照信息化条件下联合作战的需求，确定不同对象的评估内容、评估标准和评估方法，设定严格的评估条件，营造逼真的评估环境，使平时的装备维修保障效能评估与实际需要的标准和要求贴得更紧。

（二）依法规范评估

装备维修保障效能评估，一方面要从评估主体入手，规范评估机构的职能和运行机制，保证评估的客观性。另一方面，要完善相关评估法规，明确评估对象、评估时间、评估内容，使评估工作有章可循，有法可依。此外，还应建立评估监督、评估申诉制度，使评估受到广大官兵的监督。

（三）注重量化分析

坚持定量与定性分析相结合，以定量分析为主，尽可能通过对装备维修保障效能各项指标的量化，来检验和评价装备维修保障效能。一方面，要充分利用现

代信息技术提供的各种信息处理工具,对影响装备维修保障效能的因素和衡量装备维修保障效能的指标进行量化分析,从数量上获得对装备维修保障效能的认知,得出定量评估结论。另一方面,要科学构建装备维修保障效能评估模型,对各级指标逐层分解,直至分解到可以量化的评价点,最终以数据形式反映效能指标。最后,要将装备维修保障定性分析结论,与定量评估数据进行综合分析,实现定性分析与定量分析相结合,以便得出科学的评估结论。

(四)力求简便可行

对装备维修保障效能进行评估,必须注重可行性,将简便易行与系统综合评估结合起来。一是对评估项目、评估标准、评估程序、评估组织形式的确定,都必须从装备维修保障活动的具体实际和军事行动的具体情况出发,不能过于复杂。否则,评估占用的时间过长,就会挤占其他活动的时间,影响其他工作的展开和进行,装备维修保障效能的评估也就失去了意义。二是评估方法的选择要灵活、恰当,便于各级指挥员和指挥机关操作。三是评估指标的设定,应允许有一定的弹性范围,在此范围内可做合理的修正。

(五)加强反馈与调节

评估本身并不是目的,而只是手段,是整个装备维修保障系统中的一个信息环节,其根本目的是通过提供关键信息,影响和优化装备维修保障决策,改善后续保障行动。此外,装备维修保障效能评估本身也需要接受实践的检验,通过评估结果与实际情况的对比反馈及时调节评估重点、评估指标体系和评估方法,从而进一步提高评估的科学性。

第二节 军事装备维修保障效能评估内容与指标

明确装备维修保障效能评估的内容,确定装备维修保障效能评估的指标,既是对装备维修保障效能评估目的和评估对象的认识深化,也是实施评估的基础和关键。

一、军事装备维修保障效能评估内容

装备维修保障效能评估的内容不是一成不变的,可因评估目的不同而有差异,也可因单项评估还是综合评估而不同。从总体来说,装备维修保障效能评估

第十章 军事装备维修保障效能评估

主要内容包括：对装备维修保障活动的评估，对装备维修保障设施设备的评估，对装备维修保障人员的评估和对装备维修保障组织机构的评估等四个方面。

（一）对装备维修保障活动的评估

对装备维修保障活动质量的评估，是指对装备维修保障活动服务于军事行动需要的程度，从质量上进行的分析和评价。主要包括装备维修保障计划的满意程度，装备维修保障活动的有效程度，装备维修保障系统的机动保障能力，装备维修保障系统的灵活反应能力等内容。

（二）对装备维修保障设施设备的评估

对装备维修保障设施设备的评估，是指对装备维修保障活动过程中，一定设施设备在单位时间内所能完成的工作量进行的分析和评价。通过评估，不但要了解一定设施设备在最佳条件下完成保障作业的性能，更要了解同样设施设备在相对恶劣条件下完成保障作业的性能，特别是在紧急情况下的适应能力和反应能力。

（三）对装备维修保障人员的评估

装备维修保障人员是装备维修保障活动的主体，其素质高低直接关系到装备维修保障活动的质量和效率。因此，对装备维修保障人员素质进行评估是装备维修保障效能评估的重要内容。其中，装备维修保障指挥人员的素质集中反映在指挥能力上，可以从其分析判断情况、筹划运用装备维修保障力量、计划控制装备维修保障行动等方面的具体能力着手，结合具体的指挥活动实践，进行综合分析评估。专业技术人员的素质则主要反映在完成特定装备维修保障任务的能力上，可以从其单位时间内完成特定工作的数量、质量上进行综合评估。

（四）对装备维修保障机构的评估

装备维修保障机构，决定其装备维修保障的功能。装备维修保障机构是否合理，对于装备维修保障效能的发挥具有重要影响。因此，对装备维修保障机构进行评估，是进行装备维修保障效能评估的一项重要内容。对装备维修保障机构进行评估时，应着重对装备维修保障机构的组织结构、组织形式、人员构成进行评估。同时，还需要对装备维修保障机构所使用的保障手段、保障方法，以及装备维修保障机构的机动性、稳定性、安全性等多个方面进行综合评价。

二、军事装备维修保障效能评估指标

装备维修保障效能评估指标是衡量和计算效能的标准，是保证评估客观、全面、科学的前提和基础。任何装备维修保障效能评估活动,都必须以评估目的作为最高指标。但由于评估目的具有较大的原则性和抽象性,一般应将其分解成若干具体的指标。因此,必须制定出一个充分体现装备维修保障特点的完整的指标体系。总体上,装备维修保障效能评估指标可分为四大类:一是装备维修保障能力指标;二是装备维修保障效果指标;三是装备维修保障效率指标;四是装备维修保障效益指标。

(一) 装备维修保障能力指标

装备维修保障能力体现为能够完成一定类型保障任务的数量和质量,可分为理想装备维修保障能力和现实装备维修保障能力。两者分别指在理想条件和现实作战条件下,所能发挥的保障能力。

理想保障能力是保障系统或要素的固有属性,与具体保障条件和过程无关,是一个相对静态的统计概念。作为装备维修保障系统或要素的最大潜力,理想保障能力指标为现实能力分析提供了一个固定参照系。现实装备维修保障能力则充分考虑了战场对抗环境下装备维修保障指挥、装备维修保障行动和保障机构战损等因素的制约,是一个比理想保障能力数值小得多的指标,也是一个随着保障条件变化而变化的动态指标。

(二) 装备维修保障效果指标

装备维修保障效果,指达成一定保障目标的满意程度和完成一定保障任务的有效程度。通常体现为一个相对值,可用定性判断词表示或用成功率的统计百分比来表示。如在修理行动中,修复装备的数量不能直接说明效果的好坏,而只有通过与待修装备进行比较(即修复率)才能得出修复效果的指标值;在弹药补给保障中,保障效果可以用补给率来表示。

(三) 装备维修保障效率指标

装备维修保障效率是指一定保障效果所对应的时间消耗。随着现代高新技术在军事领域的广泛应用,军队作战行动的节奏明显加快。在这种情况下,对装备维修保障速度和时间要求也越来越高。

装备维修保障效率指标分为绝对效率和相对效率。装备维修保障的绝对效率通常用完成时间来表示,例如:①装备维修保障及其相关信息的收集、传递、处理时间;②装备维修保障指挥员判断情况、定下决心的时间;③拟制、修改装备维修保障计划、方案的时间;④下达命令、指示和下级传递、执行命令、指示,落实各项保障计划的行动时间等。装备维修保障的相对效率,是指完成一定装备维修保障任务的规定时间与实际消耗时间之比。

（四）装备维修保障效益指标

装备维修保障效益，指一定保障效果所对应的除时间以外的保障资源消耗。通常，将人力、物力、财力消耗全部折算成经济消耗来表示，即近似用经济效益来表示装备维修保障效益。强调经济效益的目的是为了节约使用国家和军队的有限保障资源，提高持续保障能力。

装备维修保障效益指标同样分为绝对效益和相对效益。前者的指标值是完成一定保障任务全部实际经济消耗的总和，后者的指标值是实际经济消耗值与预定经济消耗值之比。

三、军事装备维修保障效能评估指标体系

在对装备维修保障效能进行评估时，某一指标只能反映评估对象的某一局部，而要综合反映评估对象的整体和综合情况，需要建立一个互为联系的评估指标体系。

（一）构建装备维修保障效能评估指标体系的要求

1. 系统完整

任何单项或综合装备维修保障效能评估指标体系的建立，均应以系统分析为基础，全面把握评估目的的要求和评估对象的内涵。评价指标自身应成为一个系统，具有全面性、系统性和合理性。装备维修保障指标体系，一方面能够全面地反映装备维修保障效能的主要特征，另一方面要涵盖装备维修保障效能的主要影响因素，不能漏缺关键要素。

2. 层次清晰

要合理区分评估指标体系的层次，实现对装备维修保障效能的逐层分解。层次性要求必须是同一层次的项目才能放在同一层指标中；层次之间要有明显的质的差异，一般高层包容了低层的全部内容，低层是高层的部分内涵。

3. 主次分明

要遵循装备维修保障效能形成的规律，按照统一标准区分各项指标和分配指标权重。确定指标权重必须科学论证，防止盲目性和随意性。不同类型、不同对象或不同用途的装备维修保障效能评估，应重新区分各项指标及其权重，不可简单照搬套用。

4. 简明实用

为了促进装备维修保障效能评估的实际运用，构建指标体系还应注重实用性。因此，要求指标体系要简明扼要，切忌烦琐，使人不得要领。更重要的是，指标值的确定要有较强的可操作性。定性指标便于主观把握；定量指标必须是可以衡量的，具有可靠的数据获取途径，或易于通过试验、统计、仿真等方法采集得到，便于定量分析。实用性必然与理想化存在一定的矛盾，然而对于降低评估操作的难度是有必要的。

（二）装备维修保障效能评估指标体系的基本模式

装备维修保障效能评估可按保障主体、保障层次、保障时间、军兵种等构设不同的指标体系。选择从什么角度构建指标体系，要以满足评估目的的要求为主，兼顾评估主体开展数据收集等工作的便利综合决定。

在多层、多级的装备维修保障效能评估指标体系模式中，各层次既能自成体系进行单项或综合评估，又是整体全面评估的组成部分。一级指标是对装备维修保障效能系统构成的最初分解，一般不能直接评估，只对确定下一级指标起到规范作用。由于考察和把握的角度不同，一级指标的划分方法有多种。按保障职能，可以分为装备维修保障指挥、装备调配保障、装备技术保障、装备经费保障、部队装备管理；按军兵种，可以分为陆军及通用装备维修保障、海军装备维修保障、空军装备维修保障、第二炮兵装备维修保障；按保障时间，分为平时装备维修保障、战时装备维修保障等。二级指标，是对一级指标的进一步分解，通常也不能直接评估，只对下一级指标起到规范作用。三级和三级以下指标，是对上一级指标的进一步分解，直至分解到可以直接量化的评估指标，即评估点。

构建分层、多级指标体系是一项复杂的系统工程，这里只是提出一个思路，供装备机关和部队组织构建装备维修保障评估指标体系时参考。由于评估指标体系的对开展装备维修保障效能评估作用重大、影响深远。因此，为充分发挥评估的效益，有必要加强评估的高层规划和指导，保证各军兵种部队评估信息的可比性或通用性，并为全军组织装备维修保障效能评估提供条件。

（三）确定装备维修保障效能评估指标值的主要方法

1. 测量法

对于装备维修保障效能评估中涉及到的件数、距离、时间等客观物理量，用直接测量的方法得到。测得的值经过与参考标准相比较，得到规范化的无量纲指标值。测量法得到的数据精确、可靠，广泛用于多层指标体系中的最低层指标值的确定。

2. 估计法

对于保障人员素质、可能性、满意度等指标,需要凭借评估专家或保障对象的主观经验来估计指标值。常见的有按等级估计和按评语估计两种方法。估计法虽然精确度较差,但快捷简便,适合精度要求不高或战时时间紧迫的情况下使用。

3. 统计分析法

统计分析经常用来减少误差和进行预测。统计某指标的多个有效数值,然后取算术平均、几何平均或加权平均,可减少该指标值的误差。统计某指标一段较长时间的历史数据,做合理的趋势分析,可以用来预测该指标将来可能的值。

4. 模糊分析法

运用模糊数学理论对模糊性数量进行分析,以确定指标值。目的是从模糊中求精确,获取与事物本来面目接近一致的结果。模糊分析法适合处理不确定性较强的"模糊"指标,但存在一定的处理难度。此外,由于评估指标的定义要求尽量含义明确、相互独立,因此在一般评估中模糊分析法的使用并不多。

5. 加权综合法

加权综合法是确定综合指标的值最常用的方法。除了最底层的具体指标之外,效能评估主要依靠这种方法自下而上地进行指标值的聚合,从而得到保障指挥能力指标、维修和维护能力指标等高层指标的数值。应用加权综合法时,应遵循各指标之间的串联、并联或互补、制约的关系,有针对性地运用加权和、加权积,而不能一加到底。

第三节 军事装备维修保障效能评估的程序与方法

一、军事装备维修保障效能评估的一般程序

装备维修保障效能评估,应遵循明确评估目的、分析评估对象、定指标、定权重、综合计算和结果分析的基本程序进行。

(一) 明确评估目的

指明确通过装备维修保障效能评估要解决的问题。是评估保障效能的所有方面还是某一个方面,是为了预测、监督,还是为了总结经验?不同的评估目的

下,评估的重点、方法和时间是不一样的。

（二）分析评估对象

全面认识和系统分析评估对象,把握对象的特性,找出影响评估对象保障效能实现的各个因素以及它们之间的关系。

（三）定指标

对装备维修保障的各项功能和专业进行逐级分类,构成一个多层、多级指标体系。为了能使指标体系科学、系统、合理,同时简化后续计算工作,应避免各指标表征的内容出现交叉、重叠。

（四）定权重

就是确定每个指标在指标体系中的权重。用于说明同级同类指标中各单项指标的相对重要性,不同级别和类别之间互不影响。确定指标权,重通常采用专家调查和统计计算相结合的方法进行。

（五）综合计算

计算方法的科学与否直接影响评估结果的可信度,关键是指标赋值的方法和指标聚合的模型。最底层指标要用合理的方法赋值,其中一些赋值实际上也是根据原始数据进行的简单计算。底层以外的指标要通过合理的聚合模型,根据下一级指标计算得到。当数据量大,计算方法比较复杂时,可以将计算过程编写成可在计算机上实现的程序,然后通过数学计算软件或计算机语言加以实现,提高计算效率。

（六）结果分析

根据综合计算的结果和定性分析,确定评估对象装备维修保障效能的水平。并进一步通过对评估数据和结果的深入分析,找出装备维修保障效能结构和功能上的优缺点,确定系统的"短板",进而提出改进意见和建议。最后,写出评估报告,提供各级装备首长和机关科学决策使用。

二、军事装备维修保障效能评估的主要方法

客观、公正地评估装备维修保障效能,离不开科学的方法。随着信息技术的飞速发展和广泛应用,评估手段和方法不断完善,为装备维修保障效能评估方法体系的形成提供了有益的借鉴。装备维修保障效能评估主要有定量评估、定性评估和综合评估三种基本方法。

(一) 定量评估法

定量评估法,是将涉及装备维修保障效能的各项指标进行分解和量化之后所进行的评估。进行定量评估,主要采用数学方法。对装备维修保障效能进行定量评估,涉及众多当代数理学科的理论和方法,包括系统方法、网络方法、概率方法、运筹方法、数理统计方法、模糊数学方法、模型方法、排队方法、决策方法等。

运用定量评估的方法,应当注意把握两点:①要做好数据的采集、处理工作。定量评估结论的准确性,在很大程度上要靠正确反映客观实际的原始数据来保障,不准确、不完整、不适当的数据是不可能得出正确的评估结果的。②要正确看待定量评估的结果。定量评估是采用特定的数值模型对现实事物进行分析处理,而数值模型的应用离不开特定的前提条件,这样势必会舍弃一些"次要因素",所以其最终结果是在特定约束条件下的一个判断值,并不一定能完全说明装备维修保障效能的客观情况。因此,对于定量评估的结果,还应结合定性分析方法,进行综合判定,对具体问题进行具体分析。

(二) 定性评估法

定性评估,是利用所能获取的与装备维修保障活动有关的情况和资料,主要依靠评估者个人的经验、知识、逻辑推断和综合分析能力,对装备维修保障效能做出全面的估计和评价。

定性评估作为一种简便易用的方法,主要可分为如下三种。

(1) 个人经验对比法。这是一种通过研究总结以往的、古今中外的装备维修保障工作经验教训,从中找出规律性的东西,并以此为参照,评估当前装备维修保障效能的方法。这种方法使用起来简单快捷,可以使人们从正反两个方面的经验教训中得到启示和借鉴。但如何根据新的形势和特点,结合发展了的装备维修保障新情况,恰当、巧妙地活用装备维修保障经验,而不仅仅局限于过去的成功经验,是摆在评估者面前的一大难题。

(2) 集体意见综合法。这是一种通过集中评估人员的集体智慧和经验,博采众长,互相启发,逐渐形成对装备维修保障活动的各项内容比较一致的看法,从而得出正确的评估结论的方法。集体意见综合法的不足是需要较长的时间,在战时时间紧迫的情况下难以运用。

(3) 主观概率推断法。这是一种对尚未实施的装备维修保障方案进行评估的方法。主要是评估者凭借个人经验,主观判断尚未发生的事情在一定条件下发生的概率,用于推断装备维修保障方案实施的可能结果,对装备维修保障的效能进行评估。这种方法的不足是精度较低,特别是当作战行动发生较大变化时,该方法的应用局限性很大,通常仅用于在时间极为紧迫的情况下进行简单评估。

(三)综合评估法

综合评估法,将定性评估和定量评估综合运用于评估活动,实际上就是定性与定量相结合的评估方法。

综合评估方法的应用主要包括以下三种情况。

(1)以定性评估为主,辅之以定量评估。即对评估的内容首先进行定性评估,同时尽可能选取部分内容进行定量评估,以增加定性评估的准确性。

(2)以定量评估为主,结合定性评估。即在整个评估过程中,对能够进行量化的评估内容采取定量评估方法,而对难以准确量化的评估内容则采取定性评估方法,最后将二者的结果相综合得出评估结论。

(3)同时进行定量评估与定性评估。即对同一评估内容既进行定量评估,又进行定性评估,以发挥二者的各自长处,弥补各自的不足。

从各种评估方法的发展趋势看,定量评估将越来越多地运用于对装备维修保障效能的评估之中。但由于反映装备维修保障效能的有些因素难以量化,以及在装备维修保障活动中总是存在的一些不确定因素,故采取定量评估与定性评估相结合的方法,将是进行装备维修保障效能评估时经常采用的基本方法。对装备维修保障效能进行综合评估时,必须充分认识定性方法与定量方法各自的优长与不足。在实际运用中,始终明确定性分析和定量分析的范围和条件,把握好二者之间的联系与转化的"度",以定性评估作为定量评估的逻辑起点和归宿,以定量评估对评估内容进行精确的数学分析,增强评估结论的说服力。

三、装备保障效能评估结果的运用

装备保障效能评估结果是装备保障建设和保障准备成效的客观反映,蕴含着大量体现装备保障内在规律以及效益和效率水平的数据信息。运用转化好评估结果,是装备保障效能评估的重要步骤,对促进装备保障与评估的良性互动,确保装备保障效能逐步提高具有重要意义。

(一)发现问题,揭示矛盾,促进整改

发挥评估结果的诊断作用,发现装备保障结构和功能上存在的问题和薄弱环节,是评估工作的重要内容。首先,要分析问题、剖析原因。在评估结束后,及时组织相关人员对评估结果进行专业对口分析,在领导和专家指导下进行系统综合分析,找准问题和原因,揭示装备保障建设发展的深层次矛盾。其次,要着眼发展、组织整改。建立问题纠改责任制,按级分类制定整改措施,上下联动综合整改。对受评对象自身能够解决的问题要限期整改;部队自身不能解决的问题,上级要及时研究解决。短期内能够解决的,要跟踪问效尽快解决;需要较长周期解决的,要制定整改计划,分阶段明确任务,分步骤实施整改。

(二)依据结果,实施奖惩,促进提高

依据评估结果,采取多种手段,实施严格、公正、及时、有力的奖惩,能够激发各级做好装备保障工作的热情,促进装备保障任务的落实和质量提高。要给予装备保障与部队其他各项工作同等重要的地位,在评估结束后及时公布评估结论、通报问题和排列名次,并把装备保障效能评估结果作为立功受奖、评选先进、晋级提升的重要条件,大力宣扬和表彰先进典型。在提高装备保障效益,节约经费的基础上,申请适度专项奖励基金,对评估成绩突出的单位和个人给予一定的物质奖励。要加大惩处力度,对评估结果差的单位和个人,保障指挥能力差、保障效益和效率低、整改措施落实不力的单位领导,给予明确的处罚,重奖和严惩有机结合,积极提高装备保障效能。

(三)信息反馈,循环互动,持续发展

按照谁组织谁负责的原则,明确装备保障效能评估数据的管理职责,分级分类建立评估数据信息档案,形成评估信息管理、使用、更新制度,发挥好评估数据的综合作用。

(1)为制定作战保障预案提供参考。要依据评估结果对各级保障效能数据库进行更新,对作战保障预案中的任务区分、力量编组等内容进行调整,发挥好评估结果对制订战备计划的参考作用。

(2)为科学指导装备保障训练提供参考。通过对单位和个人不同阶段、不同年度装备保障结果的纵向和横向比较,预测装备保障发展的趋势,增强装备保障指导的针对性。

(3)为完善评估指标体系提供参考。适时对评估结果数据进行分析比较,查找与保障力生成规律不相吻合的问题,论证评估指标体系的合理性,及时调整内容、标准和权重,使评估更加贴近装备保障实际,更加符合实战要求。

第十一章　军事装备维修保障科学研究与改革

军事装备维修保障科学研究与改革或称军事装备维修科学研究与改革,是军事装备维修保障工作中一项基础性、创新性、经常性的重要工作,其内涵主要是指以提高军事装备维修保障能力、水平与效益为目的,以科学技术创新与应用为特征,发展与应用军事装备维修保障新技术、新工艺、新材料、新设备,改进军事装备维修保障手段与方法,改革军事装备维修保障方式与制度,完善军事装备维修保障体系与模式的理论研究和技术实践及其管理活动。充分认识科学研究与改革在军事装备维修保障中的重要作用,明确其任务与内容,坚持正确的指导原则,加强对该项工作的组织与实施具有重要的意义。

第一节　军事装备维修保障科学研究与改革的重要作用

一、贯彻科技强军、质量建军方针的重要措施

科学技术是军队建设最根本的动力,是提高军队战斗力和保障力的基础。在军事装备维修保障工作中,重视和加强科学研究与改革是贯彻科技强军、质量建军战略方针的重要体现。通过一次次的科学研究与改革活动不断更新军事装备维修保障观念,不断改进军事装备维修保障手段,不断优化军事装备维修保障模式,不断改革军事装备维修保障方式,因而不断推进军事装备维修保障建设向前发展。以美军为代表的先进国家军队十分重视军事装备维修保障科学研究与改革,不断研究提出军事装备维修保障新理论和新做法,尤其通过运用计算机、数据库、网络、智能诊断等先进的信息技术,改进军事装备维修保障的手段和方式,大大提高了军事装备维修保障的水平,增强了军队的战斗力和保障力。新时期我军装备维修保障面临的任务十分繁重和艰巨,有必要进一步重视和加强军

事装备维修保障科学研究与改革,向科学研究与改革要效益、要保障力、要战斗力。

二、提高军事装备维修保障能力的主要手段

军事装备维修保障能力,除与军事装备或装备系统本身的可靠性、维修性、保障性、测试性、安全性、经济性等基本属性有关外,还在一定程度上取决与军事装备维修保障体系各要素的有机组合。这些要素包括人员素质、体制编制、保障模式、保障方式、保障技术、保障手段、保障设施和标准制度等。所有这些要素都与科学研究与改革有关。通过军事装备维修保障的科学研究与改革,可以提高这些要素品质。因此,必须把科学研究与改革作为提高军事装备维修保障能力的主要手段,而且还要贯彻到军事装备全寿命管理过程之中。

三、增强军事装备维修保障效益的有效途径

军事装备维修保障经费在军事装备全寿命费用所占的比例很大。美军20世纪80年代,装备研制费、采购费与使用维修费比例达到1∶2.6∶3.50。随着军事装备现代化程度提高,军事装备使用维修费比例将进一步增大。据统计分析,现代军事装备的使用维修费用占全寿命周期费用的比例超过60%,一些军事高技术装备增至80%,已成为军事装备全寿命费用的主要组成部分。因此,降低军事装备维修费用对降低整个军事装备建设费用有着重要的意义。降低军事装备维修费用是军事装备维修保障决策者和使用者始终追求的目标。开展军事装备维修保障科学研究与改革,不仅可以提高军事装备维修保障的水平和能力还可以抑制保障需求,降低保障成本,改善装备质量,从整体上提高军事装备维修保障的综合效益。因此,必须把科学研究与改革作为提高军事装备维修保障效益的有效途径。

第二节 军事装备维修保障科学研究与改革的任务及内容

一、军事装备维修保障科学研究与改革的主要任务

军事装备维修保障科学研究与改革的主要任务是探索军事装备维修保障的

规律、特点、理论和方法,改革军事装备维修保障体制、制度、方法和手段,发展并推广应用新技术、新工艺、新材料、新设备,开展学术交流活动,提高军事装备维修保障的质量与效能。概括起来主要包括以下三个方面。

(1) 开展军事装备维修保障理论研究,不断探索和揭示军事装备维修保障的规律和特点,为军事装备维修保障实践提供指导。军事装备维修保障是具有军事行为特征且技术性、专业性、系统性又很强的实践活动有其自身的特点和规律。随着科学技术进步、军事装备发展、战争样式变化,军事装备维修保障的特点和规律也在不断变化。因此,只有不断探索和总结军事装备维修保障特点、规律及其变化,才能推进军事装备维修保障的理论创新;而理论创新又促进军事装备维修保障体制和制度的创新。如前面所介绍,近年来世界主要国家军队针对高新技术装备发展尤其是信息化技术的应用,有的提出"精确保障"、"敏捷保障"和"保障性管理与控制"、"国家库存管理策略和承包商保障"等新观念;有的提出"基于状态维修"、"综合支援维修"和"以网络为中心的维修"等新理论。在伊拉克战争中,美军以"精确保障"、"准确维修"方式,代替普遍通用的"以防万一"而加大准备量的传统保障做法,不但争取了时间,赢得了主动,而且降低了战争成本。

(2) 依靠先进理论和保障技术,不断探索和改革军事装备维修保障体制、方式、手段和制度,使之适应军队作战任务和军事装备发展的需要。例如,美军和俄军依据新的军事战略方针,近年来对区域综合保障体制和军民一体化保障体制又进行了积极探索和改革完善,主要是按照信息化建设要求将分散独立的装备维修保障机构进行了整合。美国陆军将原有的三级装备维修保障体制改变为现场级和支援级两级保障体制。现场级由使用分队和原来的直接支援级组成;支援级由军、战区装备维修保障单位和基地以及承包商组成。目前,这项改革已纳入美国《国家装备维修保障纲要》中推广。美军高度重视队属保障力量和支援保障力量的整体优化。美国陆军师、团两级装备维修保障分队可根据不同需要进行"积木式组装",灵活快速运用;美军在战区和军两级建立有机动保障大队和高维修保障大队,战时可直接支援或加强给部队。

(3) 发展与应用新技术、新工艺、新材料、新设备,积极开展学术交流活动,不断总结并推广军事装备维修保障新经验和新做法。军事装备维修保障技术,是指军队装备维修保障领域运用的技术方法和手段的总称,是组织与实施装备的监控、维护、检查、修理和检测、检验、化验、计量、保管、封存、改装、延寿,以及

第十一章　军事装备维修保障科学研究与改革

战场抢救、抢修、指挥、防卫等重要基础,是提高军事装备维修保障能力和科学技术水平的关键环节。军事装备维修保障技术的应用与发展,既要适应军事装备带来的固有技术,又要适应当今正在应用或发展的先进技术。随着科学技术的进步,军事高技术装备大量配发部队,促使大批高新技术在装备维修保障领域得到应用,促进了军事装备维修保障技术的进步,给装备维修保障的观念、模式、方式、手段和时间、空间等带来了深刻变化。只有通过大力加强技术开发,并广泛推广应用新工艺、新材料、新设备,才能使军事装备维修保障水平和能力上台阶,实现军事装备维修保障建设的跨越发展。例如,近年来世界主要国家军队突出发展高机动性的多功能保障装备和快速检测、诊断、抢修设备及机器人,注重军事装备维修保障信息化技术的研究和应用,建立数字化、网络化、可视化、模拟化和远程化技术支持专家系统。伊拉克战争中,美军从科威特运往伊拉克的每个集装箱上都有一块芯片,记录内装物品的详细清单。士兵凭借手提扫描器能在20分钟内找到所需要的维修器材和设备,而同样的工作在海湾战争中则要花费几天时间。

二、军事装备维修保障科学研究与改革的基本内容

军事装备维修保障科学研究与改革的内涵,指提高军事装备维修保障水平和能力的一项创新性研究活动。军事装备维修保障科学研究与改革的基本内容,大致可分为理论创新、体制创新、模式创新、制度创新、科技创新等研究内容。

(1) 军事装备维修保障理论创新。主要通过揭示军事装备维修保障的特点、规律,分析军事装备维修保障过程中新出现的各种矛盾及其相互关系,提出军事装备维修保障的新思想、新方针、新原则,以及解决各种矛盾的方法和措施等,为军事装备维修保障实践提供指导。

(2) 军事装备维修保障体制创新,主要通过研究军事装备维修保障体制及其发展变化的基础上,准确地揭示和把握军事装备维修保障的发展趋势,指出军事装备维修保障体制的改革创新方向,并提出具体的改革创新措施,为军事装备维修保障体制创新提供支撑和指导。

(3) 军事装备维修保障模式创新,主要通过研究军事装备维修保障不同模式及其发展变化,及时了解和把握军事装备维修保障模式的发展变化规律,以及军事装备维修保障各种模式的不同特点及其适用范围的基础上,适时提出适应信息化战争条件下军事装备维修保障新模式,并研究其具体运用的方法、措施

等,推动军事装备维修保障模式的不断更新。军事装备维修保障制度创新,主要通过研究军事装备维修保障制度的形成与应用情况,了解和掌握军事装备维修保障制度建立和实行的基本规律和特点基础上,不断根据军事装备维修保障新的实践需要,探索和制定新的能够适应信息化条件下军事装备维修保障实践的制度,以规范军事装备维修保障活动。

(4) 军事装备维修保障科技创新,主要是在研究和把握军事装备维修保障科学技术发展趋势和特征基础上,大力研究和开发军事装备维修保障的新技术、新工艺、新材料,并利用高新技术对军事装备维修保障现有手段和器材进行升级和改造,以不断提高军事装备维修保障的科技水平。军事装备维修保障的科技创新,是军事装备维修保障科学研究与改革的主体内容,其范围主要包括以下方面。

① 状态监控与故障诊断技术。重点是研究信息化故障模式、嵌入式监测与智能诊断技术、原位快速无损检测技术、基于信息融合的故障诊断技术、非平稳非线性系统状态监测与故障诊断技术等,以做到原位、在线、元损检测,提高状态监控和故障诊断的准确性、快速性和自动化、智能化水平。

② 军事装备修复技术。重点是开发和应用新的修复技术,如军事装备表面性能提升技术、特殊功能表面修复技术、特种材料保障修复技术、典型软件密集型军事装备修复技术、船体水下修复技术、军事装备流体传动系统快速修复技术等。

③ 军事装备维护与延寿技术。主要包括智能维护系统设计技术、特殊环境下军事装备封存和保养维护技术、军事装备腐蚀防护技术、军事装备腐蚀治理技术、军事装备及主要零部件剩余寿命预测技术、军事装备再制造设计与质量控制技术等。

④ 战场装备应急抢修技术。主要包括军事装备损伤评估技术和军事装备应急修复技术,重点是装备战损快速检测、诊断和评估技术、机械装备应急修复技术、电子装备应急修复技术、应急抢修新材料技术、损伤装备快速拆拼装技术等。

⑤ 维修保障信息化技术。重点研究和开发军事装备维修保障资源可视化技术、军事装备维修保障网络化技术、军事装备维修保障交互式电子技术手册、军事装备远程支援技术、军事装备维修保障模拟与仿真技术、军事装备维修保障信息综合处理技术等。

第三节 军事装备维修保障科学研究与改革的原则

军事装备维修保障科学研究与改革工作主要遵循以下五项原则。

一、创新性原则

军事装备维修保障科学研究与改革必须坚持创新性原则。科学研究就是探索创新,就是把先进的理论和技术物化成产品。创新是科学研究最本质的属性。科学技术是第一生产力,把先进的科学理论和技术成果应用于军事装备维修保障,就可以大大提高保障能力。所以,军事装备维修保障科学研究与改革必须始终坚持创新性原则。努力把先进的技术应用到军事装备维修保障中去。在科学研究与改革项目管理上,要制定有利于促进创新的政策和规定。在科学研究与改革项目评审中,要扶持理论和技术先进的项目,坚持高起点,避免低水平重复。在科学研究与改革项目奖励时,要突出创新性和实用性。只有这样,才能从整体上提高军事装备维修保障科学研究与改革的水平和质量。

二、可行性原则

军事装备维修保障科学研究与改革必须坚持可行性原则。军事装备维修保障科学研究与改革主要是应用和开发性研究,要求有较高的成功率。在强调军事装备维修保障科学研究与改革的创新性的同时,必须重视可行性问题,做到创新性和可行性的有机统一。在科学研究与改革项目立项计划阶段,必须十分重视可行性论证和评审,以尽可能规避风险,提高研究的成功率。

三、实用性原则

军事装备维修保障科学研究与改革必须坚持实用性原则。科学研究与改革是军事装备维修保障工作的重要组成部分,其最终目的是通过科技手段提高保障能力。军事装备维修保障科学研究与改革要坚持面向战备、面向部队、面向装备。只有以此为出发点,紧紧围绕军事装备维修保障的重点、难点问题展开科学研究与改革,才能保持正确方向,才能使科学研究与改革保持不竭的动力。

四、经济性原则

军事装备维修保障科学研究与改革还必须坚持经济性原则。经济性原则是做任何事情都必须遵守的普遍原则。在军事装备维修保障任务繁重,经费不足的情况下,追求经济性则显得更加重要。从宏观上,贯彻经济性原则就是要优化资源配置,科学合理制定好军事装备维修保障科学研究与改革的计划,把钱投向最需要的地方。从微观上,就是要加强对每个项目的管理,特别是一些重大项目的管理,做到专款专用,尽量节约经费。只有坚持从这两个方面着手,才能从整体上提高军事装备维修保障科学研究与改革的效益。

五、综合性原则

军事装备维修保障科学研究与改革必须坚持综合性原则。军事装备维修保障科学研究与改革是一项复杂的系统工程,必须综合权衡处理好各方面的关系。无论是在制定项目计划,还是在项目研究、研制过程中,都要注意权衡利弊,做出最优的选择。无论是项目管理者,还是项目研究人员都应把握综合性原则。只有这样,才能保持军事装备维修保障科学研究与改革协调持续发展。

第四节 军事装备维修保障科学研究与改革的组织

着眼军事装备维修保障科学研究与改革的特点,加强军事装备维修保障科学研究与改革的组织,对提高效益,达成目的有重要作用。军事装备维修保障科学研究与改革的组织应着重抓好项目申报审批、项目计划实施、项目鉴定与成果推广、项目奖励(略)等几个主要环节。

一、项目申报审批

军事装备维修保障科学研究与改革项目申报审批的目的是,正确决定项目开展合理配置资源。做好项目申报审批阶段需要把握好以下两个环节。

(一)制定项目指南

军事装备维修保障科学研究与改革项目指南(以下简称《指南》)是项目申报审批的依据。《指南》要在充分论证基础上,明确提出军事装备维修保障科学研究与改革发展的方向、重点,用以指导研究单位申报项目和管理部门审核项目。

(二) 审批项目计划

军事装备维修保障科学研究与改革项目计划是对每个具体的项目进行申报审批,并展开相关工作的依据。一般情况下,项目计划由研究单位提出,并按规定要求申报,由军事装备维修保障管理部门进行审核上报或批准执行。

二、项目计划实施

项目实施是整个军事装备维修保障科学研究与改革工作的关键阶段。管理部门、承研单位应严格管理;项目研究组应周密计划,认真实施,保证研制进度和质量。项目实施重点应做好以下几项工作。

(一) 实行项目负责制

实行项目负责制,是军事装备维修保障科学研究与改革项目管理的一项重要制度,也是组织实施的基本方法。军事装备维修保障科学研究与改革的实施,实行项目组长负责制,可以把项目的责权利统一起来,有利于最大限度地调动研究人员的积极性、创造性,有利于提高研究质量和效率,有利于确保研究的顺利实施。

(二) 制定项目实施计划

承研军事装备维修保障科学研究与改革项目的单位,应及时组织制定详细的实施计划。实施计划主要明确项目研究的目的、内容、指标、分工、进度和时间节点、经费安排、成果形式、相关要求等。实施计划,既是开展研究工作的依据,又是检查落实情况的依据。

(三) 把好项目研究重点

在研究项目实施过程中要把好几个关键节点。①抓好项目开题工作,明确研究思路和技术途径。研制性项目要有较详细的技术方案,找出关键技术。研究性项目要拟制研究思路和报告框架。重大项目要组织有关专家召开项目开题会。②抓好项目难点攻关。对研制性项目的技术难点,应组织集中力量攻关,必要时可通过技术协作方式突破技术难点。对研究性项目的难点,可通过调研、召开专题研讨会等多种形式集思广益,提出解决重点和难点问题的思路和办法。③抓好项目试验评审。对研制性项目,重点抓好试验验证。研究性项目重点抓好综合评审。

三、项目鉴定与成果推广

军事装备维修保障科学研究与改革项目鉴定,是按一定形式对已完成项目的先进性和实用性进行评价。军事装备维修保障科学研究与改革项目成果推广,是将经鉴定的优秀成果应用到更大的范围,使其发挥更大的效益。

(一)项目鉴定

军事装备维修保障科学研究与改革项目鉴定,要在项目完成研究任务,并经过必要的试验或试行后,达到任务书要求后进行。承研单位应保证项目的文档资料符合标准要求,并附有报告。项目鉴定可采取会议或函审等形式进行。邀请的同行业专家要达到一定人数要求。鉴定要对成果的创新性和实用性等方面情况做出实事求是的评价,并出具项目成果鉴定意见。

(二)成果推广

成果的推广应用,是军事装备维修保障科学研究与改革全过程管理的一个重要环节。只有通过有效的项目成果的推广应用,才能使成果物化成军事装备维修保障的实际能力,推动维修保障进步,提高维修保障效能。因此,应高度重视军事装备维修保障科学研究与改革项目成果的推广应用工作,加强对成果推广应用的组织协调,精选优秀成果,确定应用对象和范围,提供经费保障,组织力量进行指导和培训,尽力缩短形成和提高现实保障能力的时间。

第十二章 军事装备维修保障法规

加强军事装备维修保障法规建设,建立健全军事装备维修保障管理法规体系,使军事装备维修管理有法可依、有章可循,并在实际工作中严格执行,是实现军事装备维修管理现代化、正规化的根本保证。只有严格规章制度,坚持依法管理,才能保持良好的军事装备维修管理工作秩序,不断提高军事装备维修管理水平。

第一节 军事装备维修保障法规的特点与调整对象

军事装备维修保障法规,是军事装备维修保障工作法律规范的简称,是由军事领导机关按照法定的程序制定颁发的,用以调整军事装备维修保障活动中所产生的各种关系的法律规范的总称。军事装备维修保障法规是军事装备法规的要组成部分,主要包括有关军事装备维修保障的条令、条例、规定、办法、规程、细则和标准等,是组织实施军事装备维修保障工作的法律依据和行为规范。

一、军事装备维修保障法规的特点

军事装备维修保障法规除具有军事法规共有的规范性、强制性、权威性、统一性等特征外,从其法源、内容和形式上看还有其自身的特点。

(一)从属性

军事装备维修保障法规的从属性,主要表现在它从属于军事法规。军事法规是用以调整军事领域社会关系的行为规则的总称,它规定着军事活动的方针、原则。军事装备维修保障活动作为包含于军事活动的一项重要内容,当然不能与军事活动的方针、原则相违背。因此,军事装备维修保障法规必然从属于军事法规。

（二）时效性

军事装备维修保障法规虽然具有强制性这一"法"的共性，但与其他部门的法律规范相比较，又具有时效性较强的特点。军事装备维修保障法规的时效性主要反映在以下两个方面。

（1）从立法程序上看，军事装备维修保障法规不像宪法、刑法、民法、兵役法等法律那样，其立法过程一般时间较短，程序也较为简单。一些军事装备维修保障规章，由授权的军事装备机关制定并颁布执行即可。

（2）从时间上看，许多军事装备维修保障法规的稳定性相对较弱，如"立、改、废、立"这样一个循环往复的过程，通常要相对较快一些。

（三）广泛性

军事装备维修保障法规的广泛性特点，主要是指军事装备维修保障法规的内容广泛、数量繁多。这是由军事装备维修保障工作的广泛性和复杂性所决定的。军事装备维修保障工作涉及的范围广、专业多、技术性强，不仅直接涉及军事领导机关、军队各级装备维修保障机关和保障部（分）队以及众多的干部、士官、士兵和职工，还涉及国家机关、企事业组织，甚至国际间相关方面，调整对象多，关系复杂。要保证军事装备维修保障工作协调一致、有序地进行，就必须有一套与之相适应的军事装备维修保障法规予以规范。因此，军事装备维修保障法规的数量较多、内容具体、形式多样。

（四）专业性

军事装备维修保障法规的专业性，是由维修保障工作的专业性和技术性所决定的。军事装备保障工作大量的是专业技术性的工作，包括军事装备储存保管、试验化验、检查检测、维护修理、技术准备、器材供应和能力建设、人员训练等专业技术工作。做好这要掌握该专业的基本方针、原则，又要掌握具体的工作程序、方法，甚至还要掌握技术性很强的操作规程、规则等。为了适应军事装备维修保障各项专业技术工作的需要，军事装备维修保障法规中的各项专业工作法律规范，不能不对各项专业工作的上述内容做出明确、具体的规定。因此，在军事装备维修保障法规体系中，大量的表现为专业技术性强的军事装备维修保障法律规范。

二、军事装备维修保障法规的调整对象

军事装备维修保障法规的调整对象，是军事装备维修保障活动中所产生的

各种关系,这是对军事装备维修保障法规调整对象的总体概括。从军队内部来讲其调整的关系主要以下方面。

(一) 调整军事装备维修保障系统内部相互之间的关系

军队装备维修保障是一个多层次、多专业的复杂系统。在军队内部上下级军事装备维修保障机关之间、同级军事装备维修保障机关之间、本级军事装备维修保障机关各业务部门之间,以及军事装备维修保障机关与所属军事装备维修保障部(分)队之间,在平时军事装备维修保障建设和战时军事装备维修保障活动中必然产生各种各样、错综复杂的关系。军事装备维修保障法规要以条令、条例、规定、办法、细则、标准等形式,规定各级军事装备维修保障的基本任务、原则和工作程序明确军事装备维修保障机关、军事装备维修保障部(分)队和军事装备维修保障人员的地位作用、职责权限、工作制度和应承担的法律责任等,对军队装备维修保障系统内部所产生的各种关系加以调整、规范。

(二) 调整军事装备维修保障部门与其他部门之间的关系

军事装备维修保障工作,需要军事装备维修保障部门与司令、政治、后(联)勤等其他机关密切配合、共同实施,才能达到预期目的。因此,军事装备维修保障部门与司令机关、政治机关、后(联)勤机关在军事装备维修保障活动中必然产生一定的关系,如指导关系、协同关系、支援关系等。这些关系同样需要军事装备维修保障法规做出调整,以明确各部门在军事装备维修保障活动中的地位、作用、职责、权限,以及相互之间协同的内容、方式、方法等。

第二节 军事装备维修保障法规体系

一、军事装备维修保障法规的分类

军事装备维修保障法规的分类,是按照不同的标准对所有军事装备维修保障法规进行划分。由于分类标准的不同,决定了军事装备维修保障法规可以有多种分类。例如:以军事装备维修保障法规的基本内容为标准,可分为军事装备维修保障机关工作法规、军事装备维修保障部(分)队工作法规、军事装备维修保障技术规程、细则等;以军事装备维修保障法规的适用范围为标准,可分为全军性装备维修保障法规、军兵种装备维修保障法规、战区装备维修保障法规、部队装备维修保障法规等;以军事装备维修保障专业的分类为标准,可分为军事装备维修保障指挥、军事装备维护、军事装备修理、军事装备技术准备、军事装备维修器材保障等不同的军事装备维修保障法规;以军事装备维修保障法规适用的不同时间为标准,又可分为平时装备维修保障法规和战时装备维修保障法规等。军事装备维修保障的这些法规,依据其所调整的关系不同,分成为若干门类、若干层次,彼此之间相互联系、协调一致、有机结合,形成了一个相对独立的完整的法规体系。

二、军事装备维修保障法规体系的构成

军事装备维修保障法规体系,是指由不同层次和不同方面(门类)的军事装备维修保障法规组成的有机整体。不同层次标志着军事装备维修保障法规之间的纵向关系,不同方面(门类)标志着军事装备维修保障法规之间的横向关系。

(一)军事装备维修保障法规体系的纵向构成

军事装备维修保障法规体系的纵向构成,是指由不同层次的军事装备维修保障法律规范,按等级有序地构成纵向关系,也就是按照军事装备维修保障法规的立法权限和法律效力不同而划分的等级层次。通常按照法规性文件发布机关的级别和法律效力的等级,一般划分为军事装备维修保障法规和军事装备维修保障规章两个等级层次。

(1)军事装备维修保障法规,是指由军队最高领导机关依据宪法和有关法律,按照一定法律程序制定和颁发的,在军队或军队一定范围内适用的有关装备维修保障的法律规范。它属于军事装备维修保障法规体系的第一层次。

(2)军事装备维修保障规章,是指由各总部、军兵种、军区,依据有关法律和法规,按照一定的法律程序单独或联合制定和颁发的,在军队的一定范围适用的有关装备维修保障方面的法律规范性文件。它属于军事装备维修保障法规体系的第二层次,是军事装备维修保障法规的主要部分。

(二)军事装备维修保障法规体系的横向构成

军事装备维修保障法规体系的横向构成,是指按调整对象和内容的不同,对军事装备维修保障法规进行的横向区分。主要包括:军事装备维修保障组织编制法规制度,军事装备维修保障机关工作法规制度,军事装备维修保障部(分)队工作法规制度,军事装备维修保障专业工作法规制度,军事装备维修保障训练、科学研究与改革工作法规制度等。

(1)军事装备维修保障组织编制法规制度,是关于军队各级军事装备维修

保障组织机构的设置和人员、军事装备编配的法律规范,是确定军事装备维修保障组织体制的法律依据。

(2)军事装备维修保障机关工作法规制度是军队各级装备维修保障机关(或部门)工作的法律依据。它以条令、条例等形式,主要规定各级装备维修保障机关的地位作用、工作的指导思想和基本原则、工作制度、内外关系,以及各业务部门的职责权限等内容。

(3)军事装备维修保障部(分)队工作法规制度,是军队各类装备维修保障部(分)队工作的法律依据。它以条例、规定、办法等形式,主要规定装备维修保障部(分)队的主要任务、部门及各类人员的职责、业务管理和平战时主要工作等。

(4)军事装备维修保障专业工作法规制度,是开展各项军事装备维修保障专业工作的法律依据。具体规定各项专业工作的基本任务、原则、业务管理和专业保障等。主要包括军事装备维护、军事装备修理、军事装备技术准备、军事装备维修器材保障等专业工作条例以及有关规定、办法、规则、细则、标准等。

(5)军事装备维修保障训练、科学研究与改革工作法规制度,是军事装备维修保障开展训练和科学研究与改革工作的法律依据。通常以大纲、规定、办法等形式,规定军队各级装备维修保障训练、科学研究与改革工作的基本任务、指导原则,军事装备维修保障训练、科研部门的设置及职责分工,军事装备维修保障训练、科学研究与改革的内容、方法,以及军事装备维修保障训练、科学研究与改革的管理、保障等。

除此之外,还可以制定军事装备维修保障动员、军事装备维修保障国际合作等法规制度。

第三节 军事装备维修保障法规制定

军事装备维修保障法规的制定,即军事装备维修保障的立法,是有关部门根据立法权限和程序,拟制、修改和废止军事装备维修保障法律规范文件的活动。

一、军事装备维修保障法规的立法权限

科学确定军事装备维修保障的立法权限对于加强军事装备维修保障立法管

理,促进军事装备维修保障法制建设具有重要意义。军事装备维修保障立法权限大体划分为以下四个层次。

第一层次是国家或军队最高军事立法机关,负责制定和颁发含有军事装备维修保障内容的军事法规和军事装备维修保障的单行法规。

第二层次是军队负责装备工作的总部单独或与其他总部联合,制定和颁发军事装备维修保障规章。

第三层次是军兵种和军区,负责单独制定和颁发军事装备维修保障规章,包括其根据装备维修保障法规和规章制定的补充性、执行性、地区性的装备维修保障规章。

第四层次是军队军以下部队,根据实际工作需要,负责制定和颁发的军事装备维修保障制度等。

二、军事装备维修保障法规的立法程序

军事装备维修保障法规的立法程序,是指军事装备维修保障立法活动中必须遵循的法定步骤和履行的法定手续。制定和颁发军事装备维修保障法规,通常按以下程序进行:

(一) 编制规划与计划

军事装备维修保障立法规划和计划,是指军事装备维修保障法规的制定机关对一定时期内立法项目、任务分工和完成时限等所作的安排。其内容通常包括:立法的依据;立法的指导思想、重点和要求;拟制的军事装备维修保障法规的名称,起草单位,完成时限及发布(批准)机关等。

(二) 组织起草与修改

军事装备维修保障法规的起草,是军事装备维修保障法规制定中的重要活动。列入立法规划计划的军事装备维修保障法规项目,应按照规划、计划的安排,依照法定的程序、格式和步骤方法进行起草。其具体要求有以下四点。

(1) 做好起草前的准备。军事装备维修保障法规起草前不仅要根据需要组建起草班子,而且要在认真学习有关方针、政策及法规的基础上大量搜集、整理有关资料,对有关学术问题进行研究论证为起草做好理论准备。

(2) 开展调查研究。在注意广泛性的同时,调查研究更要突出针对性。

(3) 拟定纲目,分工起草。拟定纲目首先应根据法规拟采取的结构形式,确定纲目的层次。然后应根据所确定的层次安排内容的排列。纲目经讨论研究、

征求意见后,进行修改、补充和完善,最后写出纲目说明,一并报批。纲目批准后,即可组织起草法规初稿。

(4)征求意见,反复修改。法规初稿起草完毕后,要采取多种形式广泛征求意见,然后进行反复修改。

(三)法规送审和审定

军事装备维修保障法规草案的送审,是在法规草案经过征求意见、反复修改、比较成熟之后,呈报相应的有立法权的部门进行审定的活动。送审的法规材料应包括请示报告,法规、规章草案文本,起草说明,其他有关材料等。军事装备维修保障法规的审定,是由立法权的部门按照一定的程序以一定的方式对法规草案进行审议和确定的活动。军事装备维修保障法规的审定除遵循严格规定的程序外,还应注意把握以下几点:

(1)军事装备维修保障法规草案是否符合宪法规定;

(2)军事装备维修保障法规草案的规定是否与有关部门的职权相符;

(3)军事装备维修保障法规草案与其他军事法规的关系是否得当;

(4)军事装备维修保障法规草案的规定是否符合军事装备维修保障的实际;

(5)军事装备维修保障法规草案是否有立法技术方面的问题。由有立法权的部门对军事装备维修保障法规草案审核后,再做出是否颁发的决定。

(四)法规发布施行

军事装备维修保障法规的发布,是指享有立法权的部门将已经审查批准的法规,按照一定的形式和通过一定的媒介予以正式公布的过程。军事装备维修保障法规,通常以发布令的形式公开发布。涉及军事秘密不宜对外公开的以文件形式发布。

第四节 军事装备维修保障法规实施

军事装备维修保障法规的制定和实施,是军事装备维修保障法规中两个相对独立的重要环节。立法是前提,实施是关键。因此,研究军事装备维修保障法规的实施具有十分重要的意义。

军事装备维修保障法规的实施,即军事装备维修保障法规的实行,是指军事装备维修保障法规通过一定的形式,在现实军事装备维修保障活动中的贯彻和落实。它是军队领导机关、军事装备维修保障人员及其他相关人员运用军事装备维修保障法规,实现军事装备维修保障活动规范化的一种有意识的积极活动。其实质是把军事装备维修保障法规中确定的权利与义务关系转化为军事装备维修保障活动中的权利与义务关系。军事装备维修保障法规的实施有两种表现形式,即军事装备维修保障法规的适用和军事装备维修保障法规的遵守。

一、军事装备维修保障法规的适用

军事装备维修保障法规的适用,是指军队领导机关依照法定的权限和程序,具体应用和执行军事装备维修保障法规,将军事装备维修保障法规运用于具体的单位和人的专门活动。从一定意义上说,军事装备维修保障法规的适用,也就是军事装备维修保障执法机关和执法人员运用军事装备维修保障法规通过发布决定、指示、通报、批复等形式,确认或禁止某种行为,把法律规范中确定的权利和义务关系变成军事装备维修保障活动现实中的权利和义务关系。军事装备维修保障执法机关及其执法人员,在适用军事装备维修保障法规的活动中必须做到正确、合法、及时。所谓正确,是指在适用有关军事装备维修保障法规的具体问题时,要做到事实清楚,定性准确,处理恰当。所谓合法,是指在适用军事装备维修保障法规的过程中,必须严格依法办事,即依照军事装备维修保障法规规定的权限和程序办事,不许另搞一套。所谓及时,是指在正确、合法的前提下,军事装备维修保障执法机关要抓紧时间,提高工作效率。正确、合法、及时之间是互相联系不可分割的整体。正确是军事装备维修保障法规适用的出发点,合法是军事装备维修保障法规适用的核心,及时是军事装备维修保障法规适用必不可少的条件,三者缺一不可。

二、军事装备维修保障法规的遵守

军事装备维修保障法规的遵守,是指军事装备维修保障法规效力所及范围内的组织(单位)和个人必须遵守军事装备维修保障法规,严格按照军事装备维修保障法规来规范自己的行为。军事装备维修保障法规的遵守必须达到有法必依、违法必究,实现军事装备维修保障法规主体自觉遵守并严格依法办事的目标。军事装备维修保障法规是由军队领导机关制定颁发的,凡与军事装备维修保障法规有关的组织(单位)和个人都必须严格遵守。全体军人,特别是全体军事装备维修保障人员,更要严格地遵守。自觉遵守军事装备维修保障法规,还必须坚持同一切违反军事装备维修保障法规的行为作斗争,维护军事装备维修保障法规的尊严。

三、军事装备维修保障法规适用与遵守的关系

军事装备维修保障法规的适用和军事装备维修保障法规的遵守,既有联系又有区别。二者都是军事装备维修保障法规实施的形式,都是对已颁发的军事装备维修保障法规的运用。二者的有机结合构成了军事装备维修保障法规实施的整体。其区别在于:

(1)军事装备维修保障法规的适用,是通过军事法律关系来实现的,是一种强制性行为。军事装备维修保障法规的遵守,则既可以通过法律关系来实现,也可以不通过法律关系来实现;既可以是强制性行为,也可以是自律行为。

(2)军事装备维修保障法规的适用是把军事装备维修保障法规运用到具体的人或组织的专门活动,是运用国家和军队权力的个别的法律活动;而军事装备维修保障法规的遵守,则贯穿于军事装备维修保障法规实施的始终,普遍存在于军事装备维修保障活动之中,没有时空限制,涉及与军事装备维修保障活动有关的所有人和组织。

由此可见,军事装备维修保障法规实施的这两种形式相辅相成,相互补充,缺一不可。从某种意义上说军事装备维修保障法规的遵守显得更为重要。因为,军事装备维修保障法规的遵守与从事军事装备维修保障工作的人员素质直接相关。如果有关人员具备良好的素质,具有遵纪守法的习惯,就为军事装备维修保障法规的实施奠定了坚实的基础。

参 考 文 献

[1] 郑怀洲.中国军事百科全书(第二版)学科分册军事装备管理.北京:中国大百科全书出版社,2007.
[2] 曹小平,林晖.装备维修战略学.北京:国防工业出版社,2008.
[3] 焦秋光.军事装备管理学.北京:军事科学出版社,2003.
[4] 徐绪森,王宏济,等.装备维修工程学.北京:国防工业出版社,1994.
[5] 陈学楚.装备系统工程.北京:国防工业出版社,1995.
[6] 张子丘,王建平.装备技术保障概论.北京:军事科学出版社,2001.
[7] 周三多.管理学-原理与方法(第2版).上海:复旦大学出版社,1997.
[8] 马绍民.综合保障工程.北京:国防工业出版社,1995.
[9] 总装备部综合计划部.装备工作名词释义.北京:军事科学出版社,2004.
[10] [美]本杰明·斯·布兰恰德.后勤工程与管理.王宏济,译.北京:中国展望出版社,1987.
[11] 周青龙,贾希胜,朱小冬,等.可靠性与维修工程.石家庄:河北教育出版社,1992.
[12] GJBZ203665-96,军事装备维修基本术语.总参谋部武器装备综合论证所,1997.
[13] 罗明洋.装备维修保障能力评估方法研究,硕士学位论文.石家庄:军械工程学院,1999.
[14] 郑怀洲,陆凯.军事装备管理学.北京:军事科学出版社,2002.
[15] 总装综合计划部.军事装备保障学.北京:国防工业出版社,2008.
[16] 曹小平,路广安.装备维修器材保障.北京:国防大学出版社,2005.
[17] 郝杰忠,杨建军.装备技术保障运筹分析.北京:国防工业出版社,2006.
[18] 朱小冬,刘广宇,葛涛.信息化作战装备保障.北京:国防工业出版社,2007.
[19] 崔春来.锻造高素质复合型军事指挥人才.北京:国防大学出版社,2002.
[20] 余高达,赵潞生主编.军事装备学.北京:国防大学出版社,2000.
[21] 赵承光.军事装备技术保障学.北京:解放军出版社,2006.